Katrin Schumann
GLÜCK KANN MAN PFLANZEN

Viel Freude
beim Lesen!

Katrin Schumann

Papenburg im August 2022

KATRIN SCHUMANN
GLÜCK
kann man pflanzen
Wie wir mit unserem Garten wachsen

Inhalt

Vorwort

Ich denke, dass es beim Gärtnern nicht darum geht,
den perfekten Garten zu schaffen, sondern darum,
Gärtnern als Lebenselexier, als Lebensphilosophie
und Kraftquelle zu entdecken.
Ein herrlicher Garten entsteht dann ganz nebenbei.
Felizita Söbbeke

Vor über zehn Jahren bin ich mit meiner Familie aus dem Ballungsraum München in die beschauliche Landschaft des Bayerischen Waldes gezogen. In der Mitte des Lebens war dieser Umzug für mich nicht einfach nur ein Umzug, sondern ein völliger Neuanfang. Als Gartenbauingenieurin hatte ich während all der Jahre in meinem Beruf gearbeitet, auch als die Kinder noch klein waren. Ich bin mit Leib und Seele Gärtnerin! Auch wenn ich nur durch Zufall, oder vielleicht war es auch Fügung, in diesen Beruf gerutscht bin, so war es doch das Beste was mir je passieren konnte. Lange Zeit hatte ich schon von einer Hofstelle mit reichlich Land geträumt, um meinen Traum vom eigenen Garten realisieren zu können. Zwar gab es vorher auch schon immer einen eigenen Garten, doch die Grundstücke in Ballungsräumen sind knapp und teuer, so dass ich nur einen

Bruchteil meiner Vorstellungen realisieren konnte. Außerdem fehlte mir auch die Zeit, war ich so schon ausgelastet genug mit Kindern, Arbeit und Handball.
Doch das sollte sich nach dem Umzug in den Bayerischen Wald alles ändern. Die Arbeit, zumindest außer Haus, und der Sport fielen weg. Ich hatte nun ein Anwesen ohne Personal, war viel auf mich alleine gestellt und die Arbeit war auch nicht weniger geworden, im Gegenteil. Was sich geändert hatte, war nur, dass ich mein eigener Herr war. Ich konnte jetzt selber bestimmen, wann ich was tat, ob ich es überhaupt tun wollte. Die Einflüsse von außen bestimmten nicht mehr in dem Maße mein Leben, wie ich es zuvor gewohnt war. Nun war ich selber am Zug, hatte die Zügel in der Hand. Doch das ist nicht so einfach, wie man sich das vielleicht vorstellen mag, auch lenken will gelernt sein. Aber ich fand hier oben im Bayerischen Wald auf einer der ersten Hügelketten dieses wunderbaren Waldmeeres einen Lehrmeister, der besser nicht sein konnte: Meinen Garten und die Natur!
Wenn die Kinder aus dem Gröbsten raus sind, haben gerade wir Frauen wieder mehr Zeit für uns selber, mehr Zeit zu hinterfragen, was wir mit unserem restlichen Leben anfangen wollen. Welche Vorstellungen, welche Träume schlummern da seit ewigen Zeiten noch in der Schublade unseres Lebens, zugeschüttet von so vielen alltäglichen Nichtigkeiten. Wir steigen wieder vermehrt ein in unseren Beruf oder fangen noch einmal etwas völlig Neues an, machen uns selbständig, gehen in ein anderes Land, versuchen das zu verwirklichen, wovon wir insgeheim schon immer geträumt haben. So erging es auch mir. Mein Leben hatte sich völlig verändert. Ich hatte ein halbfertiges Haus, 7.500 m^2 Obstwiese in einer traumhaften Landschaft, viele Vorstellungen und Visionen und zwei Hände, um es anzupacken. Mehr als einmal stieß ich körperlich und auch moralisch an meine Grenzen, musste lernen ein Gleichgewicht zu finden zwischen Arbeit und Vergnügen. Lernen, auch einmal

Pausen zu machen, innezuhalten, auch wenn die Arbeit sich noch so türmte. Denn Arbeit gab es hier immer. Aber es war auch klar, wenn ich dies nicht schaffe, würde ich nicht lange durchhalten. Es half mir oft, wenn ich dann meinen Hund schnappte, im Wald und auf »meinem Berg« verschwand. Dort oben gibt es eine Wiese mit einem Stein, von dem hat man einen wunderbaren Blick über den gesamten Gäuboden. Bei Fön sieht man sogar die Alpen. Ein beeindruckendes Panorama, welches mir immer wieder half zur Ruhe zu kommen, abzuschalten und innezuhalten. Vor allen Dingen war ich in solchen Momenten von der »restlichen Welt« nicht zu erreichen. Sah auch nicht was zu tun war, denn hier oben gab es für mich nichts zu tun. Hier war alles perfekt!

Solche Momente, das erkannte ich sehr schnell, waren kostbare Momente. In diesen Augenblicken konnte ich Antworten finden, eröffneten sich Lösungen, die ich nie für möglich gehalten hätte. So, als wäre ich in einer anderen Welt und würde mein eigenes Leben als Zuschauer betrachten. Ich habe hier viel erfahren über mich, mein Leben, den Garten und die Natur. Viel davon habe ich in den ersten Jahren mit nach Hause genommen. Heute muss ich nicht zwangsläufig immer auf »meinen Berg«. Heute reicht es in der Regel, wenn ich mich in meinen Garten auf eine Bank setze und zur Ruhe komme. Da finde ich meistens die gleichen Antworten. Gerne teile ich mittlerweile meine Erfahrungen, mein Wissen mit anderen Menschen, tausche mich aus und gebe es weiter.

Der Garten ist ein Ort, der auch bei uns in den letzten Jahren, im letzten Jahrzehnt immer mehr in den Fokus geraten ist. Was man von unserem Nachbarland England her kennt, dass Gärtnern stilvoll und durchaus salonfähig ist, setzt sich seit geraumer Zeit auch in unseren Köpfen fest. Mit Begeisterung schauen wir über den Gartenzaun, suchen in fremden Gärten nach neuen Ideen und ausgefallenen Pflanzenschätzen. Gartenreisen haben Hochkonjunktur! Doch noch etwas anderes bringt diese Gartenleidenschaft

mit sich: eine Rückbesinnung, fast schon einen Rückzug in die Natur, in den Garten. Das Gegenstück zu unserer lauten, hektischen und technisierten Welt finden wir im Garten und der Natur. Dieser Ort wird zu einem Platz, an dem man wieder Ruhe findet, sich aus dem Geschehen ausklinkt und auftankt, wieder zu Kräften kommt. Der Garten wird zu einer Art Lebensphilosophie, wie es Felizita Söbbecke beschreibt. Aber nur, wenn man den Mut hat, sich aus den Fängen des Alltags zu befreien und sich auf das Spiel des Gartens einzulassen. Wenn man sich Auszeiten aus dem normalen Geschehen nimmt und bewusst einen Schritt in eine andere Richtung geht. Dann hat man die Möglichkeit das zu entdecken, was schon alle alten Gärtner und Gartenphilosophen wussten: Dass im Garten das Beobachten, Erforschen und Staunen so wichtig ist.
Die Achtsamkeit gegenüber der Schöpfung und das ständige Hinterfragen seines eigenen Tuns. Kein guter Gärtner hat in früherer Zeit seine Obstbäume beschnitten ohne im Sommer zu beobachten, wie dieser Schnitt sich auf die Pflanze auswirkte. Wie sie nach dem Schnitt wuchs und ob das, was er getan hatte sich wirklich so entwickelte wie er sich das vorgestellt hatte. Es war ihm bewusst, dass alles im Garten nach bestimmten Gesetzen funktionierte, die es zu studieren lohnte. Nichts ist umsonst oder überflüssig, alles hat seinen Sinn. Jedes Tier, jede Pflanze hat seine Aufgabe, auch wenn sich uns diese vielleicht nicht sofort erschließt.
Das ist allerdings etwas, was unserer Gesellschaft heute sehr schwerfällt: Sich einzulassen, mal nichts zu tun, zu beobachten wie sich die Dinge von alleine entwickeln. Es gehört Mut dazu nicht sofort einzugreifen, mal etwas laufen zu lassen und es nicht sofort in seinem Sinne lenken zu wollen. Denn, wenn wir ehrlich sind, fehlt uns oft der Überblick. Wir haben nicht immer die Möglichkeit um die Ecke zu blicken und zu sehen, was da noch kommt. Wie oft hat sich etwas, was sich im ersten Moment als furchtbar erwies, später im Rückblick als Segen herausgestellt. Es ist das

Abwarten, das Sich-entwickeln-lassen, was einem der Garten beibringt. Ein gewisses Maß an Gelassenheit und Vertrauen.
Der Garten ist ein guter Lehrmeister, wenn wir den Mut haben uns auf diese Partnerschaft einzulassen. Wenn wir mit ihm zusammenarbeiten und nicht versuchen unsere eigenen Vorstellungen, wie die Dinge zu sein haben, auf ihn umzulegen.
Wenn man mit den Jahren ein gewisses Maß an Lebenserfahrung hat, dann weiß man eigentlich, wie fragil das Leben manchmal sein kann. Und wie wenig wir alleine mit unserem Verstand, ohne unser Gefühl und Herz, die Geschicke wirklich lenken können.
Dass vieles nicht berechenbar ist und wie dankbar wir eigentlich sein dürfen. Als Gärtner oder Gärtnerin weiß man mehr als alle anderen, wie gut das Leben es eigentlich mit uns meint, dass das was wir säen seine Pracht entfaltet, wenn die Zeit dafür gekommen ist. Dass vieles jedoch auch ein Geschenk ist, wir das wenigste selbst machen und schon gar nicht erzwingen können. Gerade der Garten lehrt uns dies wie kein anderer. Und doch müssen wir deshalb nicht auf unsere Träume, unsere Vorstellungen verzichten.
Wenn wir uns dem Spiel des Lebens anvertrauen, dann geschehen viele Dinge von ganz alleine. Vielleicht nicht gerade zu dem Zeitpunkt und an dem Ort, wo wir uns das wünschen, aber sie geschehen und – das ist das Schönste daran – dann oft ganz mühelos und viel schöner als wir es uns vorgestellt haben.
Schon immer hatte ich mir die Leichtigkeit von *Verbena bonariensis* in meinem Garten gewünscht. Ich hatte Bilder von glanzvollen Staudenrabatten im Kopf, malte mir aus wie schön das bei mir aussehen würde. Mir war wohl bewusst, dass diese Pflanze hier oben nicht winterhart ist, aber sie würde sich aussamen und das sollte reichen. In anderen Gärten tat sie dies schließlich auch, so dass die Gartenbesitzer sie teilweise schon als Unkraut titulierten.
Doch bei mir war es eben nicht so. Egal was ich anstellte, ob ich sie pflanzte, Gartenfreunde sie mir mitbrachten, bis auf ein paar

spärliche Pflanzen gab es nichts. Sie wollte bei mir einfach nicht wachsen, egal wie viel Mühe ich mir auch gab. Dann erweiterte ich meinen Garten um einen Gemüseacker und siehe da, dort keimte sie plötzlich an allen Ecken und Enden, überzog das Feld mit ihren blauen Blüten. Und dann war sie plötzlich auch in meinem alten Garten. Als ich aufgrund meines Feldes nicht mehr so viel Zeit hatte mich um diesen zu kümmern, wuchs sie auch dort. Denn *Verbena bonariensis* braucht Wärme zum Keimen, das heißt, sie ist eine der letzten Pflanzen, die kommen. In der Regel hatte ich um diese Zeit meine Beete schon einmal durchgeharkt, das Unkraut entfernt und wohl auch die jungen Keimlinge, die noch nicht zu sehen waren.

Es ist wie mit einem Puzzlespiel, in dem viele Teile zusammengesetzt werden müssen. Erst wenn alle Teile da und an der richtigen Stelle platziert sind, wird ein Bild daraus. Und es ist manchmal verblüffend, wo man diese Teile überall findet. Deshalb wünsche ich Ihnen viel Spaß beim Lesen und Puzzeln im eigenen Garten.

Verbena hastii ist die winterharte Schwester von *Verbena bonariensis*.

Die Schöne aus dem Kaukasus

Es gibt ein schönes altes Schloss mit einem wundervollen wilden Garten. Dort dürfen Pflanzen noch wachsen, wie sie wollen. Da gibt es auch Tiere, die man sonst nicht mehr sehen kann. Und doch gab es im großen Garten des alten Schlosses jemanden der ganz traurig war. Wenn man genau hinhörte konnte man das herzzerreißende Schluchzen hören. Auch die Sonne vernahm den Kummer. Sie senkte ihre Strahlen auf die Erde und fragte die große aufrecht wachsende Blume mit den schönen weißen Blütenköpfen: »Was ist los mit Dir? Warum weinst Du?«
»Schau mich doch an«, schluchzte die Blume. »Schau wie leer meine großen Blütendolden sind. Früher gab es um sie herum ein

einziges Gesumme und Gebrumme, so viele Bienen und Insekten sind auf mir herumgetollt. Ich habe es richtig genossen. Da war immer etwas los. Wir hatten viel Spaß miteinander und ich war nie alleine. Doch jetzt, schau es Dir an, da ist fast keiner mehr!«
»Warum ist das so?«, fragte die Sonne die stattliche Blume, die jetzt nicht nur traurig, sondern auch richtig wütend geworden war. »Die Menschen«, sprach die Blume, »sie passen einfach nicht auf! Die Menschen kapieren es nicht, sie mähen alles mögliche ab, damit es ordentlich aussieht!«
»Ordentlich«, schnaubte die große Blume weiter, »da darf nirgendwo etwas wachsen, kein Kräutlein darf mehr zu sehen sein. Und wovon sollen bitteschön meine Freunde leben, wenn alles kurzgeschoren und ordentlich ist? Sie brauchen Blumen, die blühen und keinen Beton und Asphalt. Du musst sie mal hören, die Bienen, wie sie jammern, denn das Mähen ist ja nur die eine Sache. Viel schlimmer sind die Spritzpistolen, mit denen die Menschen alles vergiften, sogar sich selbst! Aber das merken sie gar nicht, kapieren es einfach nicht. Sie sind so beschäftigt, haben keine Zeit, kümmern sich nur um ihre Arbeit und das Geldverdienen. Sie sehen die kleinen, einfachen Dinge im Leben gar nicht mehr, merken auch gar nicht, dass sie genauso krank werden wie die Bienen. Selbst jetzt, wo es den Bienen immer schlechter geht, sie so geschwächt sind, dass sie sich noch nicht einmal gegen lästige Parasiten wehren können, verstehen die Menschen es immer noch nicht. Ich frage mich manchmal, wozu sie ihren Kopf haben!«
Die stattliche Blume hatte sich so richtig in Rage geredet. Sie war so wütend, dass die Funken nur so sprühten.
Als die Sonne das sah, hatte sie eine Idee! »Ich werde Dir helfen«, versprach sie, »vielleicht können wir die Menschen wachrütteln.«
Die Blume verzog verächtlich das Gesicht, so als wollte sie sagen, da wäre alle Mühe umsonst. Doch sie hörte der Sonne aufmerk-

sam zu, obwohl sie daran zweifelte, ob die Menschen jemals zur Besinnung kämen. Was sollte denn sonst noch alles passieren, damit sie endlich zum Umdenken bewogen werden konnten. War es denn nicht schon schlimm genug?

»Vielleicht kann ich dir mit meinen Strahlen helfen«, sagte die Sonne. »Deine Wut und meine Strahlen sollten dafür sorgen, dass die Menschen, wenn sie dir zu nah kommen, sich erst einmal ordentlich verbrennen. Vielleicht fällt ihnen dann auf, wie alleine du bist, wie sehr du deine Freunde vermisst«.

»Meinst du wirklich, dass das funktionieren könnte?«, fragte die Blume zweifelnd. »So wie ich die Menschen kenne, schieben sie nur wieder alles mir in die Schuhe und es geht nicht nur den Insekten an den Kragen, sondern auch mir.«

»Das schaffen sie gar nicht« tröstete die Sonne die stattliche Blume, »denn du bist so schön und so kräftig, dass sie dich nicht wirklich gefährden können. Außerdem wird es Menschen geben, die deinen Wert erkennen, die verstehen, dass wir beide nur den Insekten und der Natur helfen wollen. Und diese Menschen werden dich beschützen. Es werden nicht viele sein am Anfang. Aber du wirst sehen, wenn sich einer traut, dann trauen sich immer mehr, dann verstehen immer mehr Menschen, worum es geht und dass Ordnung nicht alles ist, sondern uns den schönsten Spaß am Leben nimmt. Du wirst schon sehen, habe Geduld und vertraue mir,« entgegnete die Sonne.

Lange Zeit sah es so aus, als sollte die Schöne aus dem Kaukasus Recht behalten. Eigentlich hatten die Menschen die stattliche Blume vor langer Zeit selbst in diese Gegend geholt, weil sie sie so schön und bezaubernd fanden. Weil sich die Rehe und Hasen unter ihren großen Blättern so gut verstecken und dem Fuchs ein Schnippchen schlagen konnten, wenn er sie suchte und leise durch das Feld schlich. Daran dachten die Menschen jetzt nicht mehr, hatten es einfach vergessen. Jetzt wetterten sie gegen diese schöne

Pflanze und sagten, sie sei gefährlich und sie würde die einheimischen Pflanzen bedrängen sowie ihnen ihren Raum nehmen. Deshalb müsste sie bekämpft und sollte sie vertrieben werden. Doch es war tatsächlich so, wie die Sonne gesagt hatte. Mit der Zeit verstanden es die Menschen immer mehr, den Pflanzen zuzuhören, erkannten immer mehr was für einen Irrsinn sie da trieben. Zuerst waren es nur einige wenige, die den Mut hatten anders zu denken, anders zu handeln und die verstanden, worum es tatsächlich ging. Aber es wurden immer mehr …

Unser einheimischer Wiesenbärenklau wird oft mit der Herkulesstaude verwechselt, ist aber wesentlich kleiner und vergleichsweise ungefährlich.

Wie alles begann

Der Garten ist die Begegnung mit der Natur
in einer Form, die uns tief prägt.
Durch das Zusammenspiel vom Menschen,
der sich durch seine Kreativität einbringt,
und das Wesen von Pflanzen, die uns nähren,
heilen und versorgen, entsteht eine Symbiose
die nicht immer mit dem Verstand erklärt werden kann.

Magdalena Kühn

Seit nunmehr zwölf Jahren lebe ich auf diesem kleinen Resthof im Bayerischen Wald. Wir haben Internet, wenn auch kein sehr schnelles, Strom und auch sonst alle Annehmlichkeiten der Zivilisation. Und doch scheint es mir oft, als lebe ich in einer anderen Welt als die meisten von uns. Hier auf »meinem Berg«, wie ich die »Einöde« um mich herum oft scherzhaft nenne, gehen die Uhren noch anders. Obwohl die Metropolen Passau und Regensburg nicht mal eine Stunde entfernt sind, lebe ich hier oben doch in einer Art Oase. Fern des geschäftigen und hektischen Treibens tauche ich ein in den Garten und die Natur, in den Rhythmus der Jahreszeiten, vor allem dann, wenn ich den Berg nicht jeden Tag verlassen muss.

Das heißt nicht, dass ich ein Leben in Verzicht und Askese übe, sondern dass ich ein Leben lebe, welches ich selbst bestimme, das meinem tiefsten Inneren entspricht und das mich glücklich macht. Ich brauche keine Erdbeeren an Weihnachten. Warum nicht? Weil sie einfach nicht schmecken! Wer einmal im Sommer die Erdbeersorte ›Mieze Schindler‹ direkt aus dem Garten mit der Hand in den Mund gesteckt hat, der verzichtet liebend gern auf alles, was da im Winter an Erdbeeren zu uns kommt. Zumal ich als Gartenbauingenieurin auch weiß, wie diese Früchte produziert und behandelt werden, damit sie so knackig und frisch bei uns ankommen. Das kenne ich aus eigener Erfahrung, dass es meinem Körper nicht guttut, auch wenn immer wieder gerne das Gegenteil behauptet wird. Doch um diese Dinge festzustellen, um überhaupt zu erkennen was tut mir gut und was nicht, was will ich überhaupt und was wollen die anderen, brauche ich die Ruhe und Abgeschiedenheit meines Gartens. Um reflektieren zu können muss ich mich vom Leben da draußen auch einmal zurückziehen können. Einen Platz haben, einen Ort, wo ich genau das auch realisieren kann. Wenn ich im täglichen Alltag beschäftigt bin, nicht mehr weiß, was ich zuerst tun muss vor lauter Arbeit, dann kommt die Zeit, wo ich nur noch funktioniere, ein Pingpongball aller anderen bin, aber kein selbstbestimmtes Leben mehr führe. Und genau das, denke ich, macht uns so krank und führt dazu, dass wir alle nicht mehr wissen wo uns der Kopf steht. Viele Menschen, vor allem auch die jungen Menschen, steigen dann aus, können einfach nicht mehr und sind am Ende ihrer Kraft.

Unsere Gesellschaft steht vor einem großen Umbruch. Das Alte funktioniert nicht mehr und das Neue hat noch keinen Fuß gefasst. Neue Ideen müssen erst reifen und in die Tat umgesetzt werden. Und nicht, wie so oft, aus Angst vor Veränderung im Keim erstickt werden. In solchen Zeiten ist gerade die Demokratie anfällig für Strömungen, die viele nicht gerne sehen, die aber

durchaus in diesem System ihren Platz haben. Wo es gut ist, dass sie gesehen werden, denn sie zeigen eigentlich nur die Ängste und Unsicherheiten der Menschen, die nicht wissen wohin es geht.
In solchen unruhigen Zeiten besinnt man sich gerne auf die Wurzeln, sucht in vertrauten Dingen Halt und Zuversicht. Das ist in sehr vielen Fällen die Natur, der Wald, aber auch der Garten und das Brauchtum. Wir Menschen hier in Mitteleuropa sind geprägt von vielen Strömungen, vielen Wurzeln. Schon immer gehörte Deutschland zu einem Land, durch das viele Völker auf ihrem Weg von Ost nach West zogen und somit unser Leben, unsere Kultur geprägt haben. Da ist einmal das Christentum, aber auch die Kultur der Kelten und Germanen, die in ihren Wurzeln fast identisch scheinen: Immer geht es um das Licht, die Liebe.
Die Kelten und Germanen fanden das in dem was sie umgab, der Natur, der Vegetation und dem Kosmos – der Sonne und dem Mond. Hier gab es das Nährende, das Gefühl von getragen und behütet sein, eingebunden in das große Ganze, in den Kosmos. Waren die Zeiten noch so schwer und hart, die Sonne ging am nächsten Morgen wieder auf. Darauf konnte man sich verlassen.
Den Menschen im digitalen Zeitalter scheinen diese verlässlichen Komponenten zu fehlen, diese Sicherheit und dieser Halt. Denn wir haben uns im Zeitalter der Industrialisierung, in dem wir dem Verstand die Oberhand gegeben haben, nicht nur von unserem Herzen und Gefühl abgeschnitten, sondern auch von der Natur, von unseren Wurzeln. Wenn wir weiter auf dieser Erde leben wollen, ist unsere Aufgabe in diesen turbulenten Zeiten diesen Planeten zu achten und zu ehren und ihn nicht weiter auszubeuten und mit Füßen zu treten. Wir wären überrascht, wie gut und in welchem Reichtum wir hier leben könnten, wenn wir endlich mal bereit wären genauer hinzusehen, das zu verstehen, was das Leben uns eigentlich zeigen will. Doch dazu braucht man eben diese Ruhe, diese Stille und Abgeschiedenheit, damit man wieder

zu sich selber finden und spüren kann, um überhaupt in der Lage zu sein, Entscheidungen für sich selber zu treffen. Der Garten und die Pflanzen, die uns umgeben sind dabei eine große Hilfe. Doch es braucht dazu nicht immer eine 7.500 m^2 große Fläche mit Feld, Garten und Wiese, wie ich es habe. Dazu reicht ein Balkon oder ein Baum, der einem noch nicht einmal gehört, oder ein stiller Ort an der Donau. Oasen gibt es viele, viele mehr als wir denken. Sie sind überall, sogar in der Stadt.

Mein Garten ist meine Arbeit, meine Berufung, mein Leben. Ich kann nicht sagen, wo die Arbeit beginnt und die Freizeit anfängt. Das geht alles ineinander über. Deshalb habe ich bei so einem großen Garten auch lernen müssen, auf mich selbst zu achten, mir meine Pausen zu nehmen, wenn ich sie brauche und nicht, wenn

Das ist im Sommer der Blick von meinem Hausberg ins Tal.

die Arbeit erledigt ist. Das ist nämlich bei so einem großen Grundstück nie der Fall. Und trotzdem herrscht hier keine Wildnis, sondern ist alles geordnet, so wie es mir gefällt. Damit das so gut funktioniert und ich trotzdem noch Zeit für meine Familie, Freunde, das Schreiben und Fotografieren habe, muss man zusammenarbeiten. Muss man die Natur mit ins Boot holen, teamfähig sein und allem was dazugehört Raum und Achtung entgegenbringen, sogar den Schädlingen. Auch sie haben eine Aufgabe, sind im großen Gefüge der Natur nicht einfach so da, um uns zu ärgern. Unsere Aufgabe ist es zu erkennen, was sie uns zeigen wollen. Haben wir das verstanden und erkannt, verschwinden sie meist ohne unser Zutun von selber wieder. Nur so funktioniert in meinen Augen ein friedliches Miteinander, im Leben wie im Garten. Vielleicht braucht es einiges an Lebenserfahrung, Schicksalsschläge, die einen viele Dinge mit anderen Augen sehen lassen und die die Erfahrung mitbringen, wie wertvoll der Garten, die Natur in solchen Momenten ist. Denn hätte ich meinen Garten, die Natur hier oben, den Wald und die Wiesen, die gleich hinter meinem Gartenzaun beginnen, nicht, woher sollte ich die Kraft nehmen, um mit diesen Situationen fertig zu werden. Die Scherben aufzulesen und weiter zu machen, frohen Mutes meinen Weg zu gehen. Es war nicht immer einfach und ich denke, das ist es in keinem Leben. Der Unterschied besteht nur darin, wie die Menschen damit umgehen. Wie sie aus solchen Situationen hervorgehen. Die einen stehen wieder auf und machen weiter, die anderen bleiben liegen und schimpfen auf den Stein, der im Weg lag und den sie nicht gesehen haben. Schon der amerikanische Philosoph und Theologe Ralph Waldo Emerson hat geschrieben: *»Die größte Kunst ist nicht zu fallen, sondern immer wieder aufzustehen«*. Meist sind es der Tod oder schwere Krankheiten, die uns diese vermeintlichen Steine ins Leben schmeißen. Doch eigentlich wollen sie uns nur wachrütteln.

Trauer

Gott hat uns das Erinnerungsvermögen geschenkt,
damit es für uns Rosen im Dezember gibt.
J. M. Barrie

Der Sturm hat über das Land getobt und dabei meinen schönsten Apfelbaum umgerissen. Allein der Baum an sich war schon eine Augenweide: Groß, von prächtiger Statur mit weit ausladenden Ästen. Man konnte sogar auf ihm klettern und auf einem seiner großen alten Äste gemütlich liegen. Wie ein Leopard in der Steppe kam ich mir manchmal hier oben vor und verbrachte dort herrliche Stunden. Doch all das gibt es jetzt nicht mehr. Der Sturm hat den Baum einfach entwurzelt und umgeworfen, so als wäre es ein Kinderspiel diesem prächtigen, etwas in die Jahre gekommenen alten Herrn den Garaus zu machen. Der Baum sah immer gesund und kräftig aus, so als würde ihm nichts fehlen und als würde er vor Kraft und Lebensfreude nur so strotzen. Und doch, der Schein trog. Heute Nacht ist er einem lächerlichen Frühjahrssturm zum Opfer gefallen, von denen er schon ganz andere überlebt hat. Fassungslos steht man dann davor. Voller Wut und Ohnmacht betrachtet man das Bild der Zerstörung. Warum ausgerechnet dieser schöne Baum? Man

versteht es einfach nicht, kämpft an gegen die vielfältigsten Gefühle. Vor einigen Jahren habe ich schon einmal einen alten wunderschönen Apfelbaum verloren, an dem mein Herz genauso hing und dessen Äpfel ich auch heute noch vermisse. Aber es war trotzdem anders. Dieser Baum hatte sich langsam verabschiedet, man konnte sehen, was kommt. Immer wieder einmal hatte er über die Jahre einen seiner schönen starken Äste verloren. Ich hatte ihn stehen lassen, hatte ihn weder geschnitten noch sonst irgendwie entfernt. Viele Gartenbesucher konnten das überhaupt nicht verstehen, warum ich so eine Baumruine in meinem Garten stehen ließ. Doch für mich war er immer eine Bereicherung.
Und nicht nur für mich, auch der Specht freute sich und zog zahlreiche Jahre seine Jungen in diesem Baum auf. Dieser langsam absterbende, sich zurückziehende Baum bereicherte mein Leben außerordentlich. Viele Stunden verbrachte ich an seinem Stamm, einfach nur die Stimmung genießend. Wir nahmen langsam Abschied voneinander. Und als er dann irgendwann in sich zusammenfiel, war es für mich kein Schock. Da war Traurigkeit, aber auch Frieden, denn wir beide hatten unsere Zeit gehabt.
Wie unterschiedlich diese beiden Ereignisse doch waren und welche unterschiedlichen Gefühle sie in einem hervorrufen.
Im Grunde ist es dasselbe: Jemand verabschiedet sich von uns.
Der Tod ist immer noch ein heikles Thema in unsere Gesellschaft.
Das Alter und das Sterben klammern wir in unserem Leben gerne aus. Dieser Sturm heute hat in meinem Garten gewütet wie damals der Sturm in meinem Leben, als mein Freund aus Baumschultagen in sehr jungen Jahren plötzlich starb. Da stand ich genauso fassungslos, voller Wut vor dem Scherbenhaufen. Ich konnte es einfach nicht begreifen, nicht verstehen. Ich haderte mit dem Schicksal und machte mir Vorwürfe, dass ich die Zeit nicht besser genutzt hatte. So oft wollte ich ihn im letzten Winter besuchen, so oft klappte es nicht, waren andere Dinge wichtiger als das. Und

dann ist es irgendwann auf einmal zu spät. Man möchte die Zeit gerne zurückdrehen, noch mal von vorne anfangen und einiges anders machen. Man verschiebt so viel auf morgen, weil man sich der Illusion hingibt man hätte ewig Zeit. Wie oft habe ich mir im Nachhinein gewünscht, einfach noch einmal einen Abend mit ihm zu verbringen, mich von ihm verabschieden zu können.
Im Nachhinein war dieser Tod gar nicht so überraschend, denn es hatte diese Momente schon gegeben. Aber es waren winzige Fingerzeige, die man allerdings oft ignoriert, als Spinnereien abtut, weil man sich oft nicht traut seinen Gefühlen zu vertrauen und danach zu handeln. Vielleicht kann man sie oft auch erst hinterher erkennen. Und ich habe lange gebraucht, um zu verstehen, dass das die Geschenke des Lebens sind, die einem zeigen, wie man es das nächste Mal besser machen kann. Man sollte seiner Intuition folgen und das tun, was man selber für richtig hält. Auch wenn einen alle anderen für verrückt erklären.
Als viele Jahre später mein Lieblingsonkel gestorben ist, da war das ganz anders. Da bin ich meinen Impulsen und Gefühlen gefolgt, auch wenn das oft Ärger mit meiner Familie einbrachte. Doch dadurch hatten wir Zeit, konnten uns langsam voneinander verabschieden und die Zeit, die wir noch miteinander hatten auch nutzen und genießen. Viele schöne bewegende Momente und Stunden sind dabei entstanden. Und diese Momente helfen einem dann in dem größten Schmerz und der Trauer, wenn der andere nicht mehr da ist. Diese Momente sind kostbare Erinnerungen, die einem, selbst dann, wenn man traurig ist, noch ein Lächeln auf das Gesicht zaubern. Es sind Momente, die einen immer miteinander verbinden, die einem niemend mehr nehmen kann. Sie schenken einem Frieden, denn man hat miteinander gelebt und geliebt. Wenn jeder seinen Weg alleine weitergeht und man trotzdem noch miteinander verbunden ist, dann sind es immer schöne Erinnerungen, sind es die Rosen, die im Dezember blühen.

Manchmal regnet es auch!

Die Traurigkeit
ist das Atemholen der Freude.
Paula Mendelson-Becker

Wenn die Jahre verstreichen, so manches an Garten- und Lebenserfahrung eingefahren ist, so manche Ernte in der Scheune unseres Lebens lagert, dann wissen wir, wie schnell sich etwas ändern kann was gestern noch selbstverständlich war. Dann werden die Menschen, die gestern noch laut und umtriebig waren plötzlich still und leise. Das, was gestern noch so wichtig war zählt heute nicht mehr, hat keinerlei Bedeutung mehr. Es sind die Zeiten im Leben, die uns auf den Boden der Tatsachen zurückholen Wachrütteln! Meist durch den unerwarteten Tod eines lieben Menschen, eine Krankheit oder den Verlust des Arbeitsplatzes. Schicksalsschläge, wie wir sie gemeinhin nennen. Momente, in denen es in unserem Garten stürmt und schneit, ein Orkan über uns hinwegfegt. Es sind die Augenblicke im Leben, in denen uns bewusst wird, dass nicht wir die Zügel in der Hand halten. Dass es im Leben Dinge gibt, die wir nicht beeinflussen können. Auch wenn wir das gemeinhin annehmen, gerne glauben wollen, diese Tatsache gerne verdrängen. Doch in solchen Augenblicken wird uns das oft schmerzlich bewusst, entdecken wir, wenn wir unfassbar vor einem Haufen Scherben stehen, dass der Sturm unseren geliebten Apfelbaum umgeworfen hat oder der Frost den Bohnen den Garaus gemacht hat. Es ist wie mit Sonne oder Regen, wir müssen nehmen was der Himmel uns bringt. Der Tod, das Ende ist eigentlich immer allgegenwärtig in unserem Leben, ein Teil davon. Er gehört zum Leben wie die Geburt, auch wenn wir das nicht gerne sehen. Nirgends ist das so deutlich wie in der Natur, im Spiel der Jahreszeiten. Ein ständiger Kreislauf, ein ständiges Auf und Ab. *Ein Stirb und Werde*, wie Johann Wolfgang von Goethe es schon vor einigen hundert Jahren formuliert hat. Im Garten, in der Natur, da kennen wir es nicht anders, da nehmen wir es hin. Da ist uns völlig klar, dass es auch mal regnen muss, nicht immer nur die Sonne scheinen kann. Da wissen wir, dass der Winter kommt, das Ende des Sommers, das Absterben, der Tod so vieler Pflanzen. Da wissen wir aber auch, dass es weitergeht, dass nach einem Winter immer wieder ein Frühling, ein Sommer kommt mit einem neuen Blühen. Doch in unserem Leben, da wollen wir keinen Winter, keinen Regen und keinen Schnee. Da hätten wir allzu gerne immer Sonnenschein. Da verdrängen wir den Tod, die Trauer, zeigen keine Tränen. Damit möchten wir, wenn möglich, erst gar nichts zu tun haben. Wir werden nicht gerne daran erinnert, haben Angst davor und klammern den Tod, den Schmerz, gerne aus, stecken ihn in eine Schublade, wo wir ihn nicht sehen und vor allen Dingen nicht fühlen müssen. Geben uns der Illusion hin, wenn wir uns nicht damit beschäftigen, dann ist er nicht da, betrifft es uns nicht. Es kann uns nichts passieren! Doch wie sehr man sich darin täuschen kann, zeigt uns das Leben dann oft mit aller Macht. Der Tod, der Schmerz gehören dazu! Sie erinnern uns daran, mahnen uns sogar, das Leben zu genießen. Unser Leben zu leben und nicht aus Angst vor dem Schmerz, der Verletzung kein Messer, keine Schere mehr in die Hand zu nehmen.

Der Tod mahnt uns durch seine Gegenwart, die Zeit zu nutzen, zu sehen, was wir da eigentlich tun. Wie viel Zeit verbringen wir mit Streitigkeiten, in der Familie, mit Nachbarn. Freunde reden nicht mehr miteinander. Ganze Völker bekämpfen sich und löschen sich aus. Wir verletzen und werden verletzt. Oft nur auf Grund von Missverständnissen, Kommunikationsproblemen, aus fehlender Klarheit zwischen den Menschen. Und dabei handelt es sich oft gerade um die Menschen, die wir am meisten lieben, die uns am nächsten stehen, denen wir besonders verbunden sind. Wie viele Dinge tun wir, die wir eigentlich nicht tun wollen, die uns keinen Spaß machen? Von denen wir aber aus irgendwelchen Gründen meinen, sie tun zu müssen. Weil wir denken oder uns gesagt wird, sie sind wichtig. Aber sind sie es wirklich immer?
Der Tod lässt uns innehalten, lässt uns fragen: Warum tun wir das? Warum nutzen wir unsere Zeit, die wir haben, nicht für das, was wir wirklich wollen, für die Freude, den Spaß, die Begeisterung in unserem Leben. Denn so wie es aussieht haben wir nicht alle Zeit der Welt! Sollten wir nicht zu viel auf morgen verschieben, denn da könnte es dann schon zu spät sein! Sollten wir nicht so viel Zeit mit Dingen verbringen, die wir eigentlich nicht tun wollen, wofür uns die Begeisterung und Freude fehlt.
Der Tod zwingt uns auch, uns mit unseren Gefühlen zu beschäftigen, den bewussten und den unbewussten. Den Gefühlen, die wir nicht fühlen wollen, vor denen wir Angst haben, die uns Schmerz bereiten. Aber auch, weil wir es oft so gelernt haben als Kinder. Man darf nicht wütend sein, nicht weinen, seine Gefühle zeigen und zum Ausdruck bringen. Deshalb lenken wir uns oft ab, mit Arbeit oder sonstigen Dingen, um nichts zu fühlen. Dann muss ich mich damit auch nicht beschäftigen. Doch wenn wir wirklich ehrlich sind mit uns selbst, bereit sind zu fühlen, ist es dann nur Trauer, dass der geliebte Mensch nicht mehr an unserer Seite ist? Oder spielen da noch eine ganze Palette anderer Gefühle eine

Rolle? Wut darüber, dass der Partner einen alleine gelassen hat. Angst, wie man nun zurechtkommen soll. Schuldgefühle, weil man die Zeit nicht besser genutzt hat, im Streit auseinander gegangen ist. Viele Dinge kommen da zum Vorschein, Gefühle, die wir schon lange in uns haben, die aber erst durch den Tod, einen plötzlichen Schicksalsschlag an die Oberfläche kommen. Im Grunde ist der Tod nur der Auslöser, aber nicht die Ursache. Doch in der Regel ist das den wenigsten klar und bewusst. Erst wenn wir uns erlauben diese Gefühle zu spüren, zu fühlen, uns mit ihnen beschäftigen, ihre Ursachen erkennen, dann finden wir Frieden. Frieden mit dem Tod, Frieden mit uns selbst. Dann können wir den Tod verarbeiten und mit ihm leben, dann gehört

Frost und der erste Schnee sind das Ende der Rosenblüte in meinem Garten.

er dazu, wie alles andere im Leben auch. Dann ist er, wie der Regen, nicht angenehm, aber doch notwendig. Dann verstehen wir, dass ein Ende immer auch einen Anfang birgt, eine Chance auf etwas Neues. Dann verstehen wir, dass das Leben wie ein Kreislauf ist, wie die Jahreszeiten und kein Strick oder Seil mit einem Anfang und einem Ende, an dem alles vorbei ist. Dass auf einen Winter immer ein Frühling folgt, dass wenn es regnet auch immer wieder die Sonne scheint.

Der Tod zeigt uns aber noch etwas anderes. Er macht uns deutlich: Wenn wir das eine, den Schmerz und die Trauer, nicht fühlen wollen, dann können wir auch in der Regel die Freude und den Spaß im Leben nicht spüren. Das eine bedingt irgendwie das andere. Es gibt anscheinend nur ein Entweder-oder. Wir können fühlen – und dann die gesamte Palette an Gefühlen – oder wir fühlen eben nichts, sind dann aber auch taub für die schönen Seiten des Lebens. Wir hätten zwar gerne jeden Tag Sonnenschein, aber was würde im Garten schon wachsen ohne Regen? Und manchmal hagelt es auch, tut es weh, doch es scheint auch wieder einmal die Sonne. Vielleicht sind das solche Momente im Leben, in denen es einfach gilt abzuwarten, auszuhalten, bis die Sonne wieder scheint. Momente, in denen man nichts tun kann, es jedoch so gerne tun würde, damit man vergisst.

In solchen Augenblicken kann man nur darauf vertrauen, dass das, was man gesät hat seine Pracht entfaltet, wenn die Zeit dafür gekommen ist. Zu erkennen, dass die Sonne uns alleine nicht helfen kann, damit wir die Ernte einfahren können, sondern dass wir dazu schon auch den Regen brauchen.

Die Jahreszeiten

Nichts ist ewig, weder in der Natur noch im Menschenleben, ewig ist nur der Wechsel, die Veränderung.
August Bebel

Unser Leben ist nie gleich, es folgt einem Rhythmus: Tag und Nacht, Sonne und Regen, Winter und Sommer, die Jahreszeiten. Dieser Rhythmus macht das Leben spannend und interessant, lebendig. Die Jahreszeiten verdeutlichen dies sehr gut. Wer kennt nicht als Gärtner die Euphorie im Frühling, wenn die Sonne wieder wärmt und das erste Grün sprießt, die ersten schönen Tage ins Land stehen. Es treibt einen förmlich nach draußen. Man möchte in der Sonne sitzen, in der Erde herumwühlen und endlich etwas säen oder pflanzen. Man strotzt geradezu vor Tatendrang und kann es einfach nicht erwarten.
Auch unser Körper sehnt sich in dieser Zeit nach dem ersten frischen Grün. Wir wollen frischen Salat, Radieschen und frische Kräuter. Bärlauch hat jetzt Saison. Die Pflanze, die schon die Bären in früher Zeit, als sie noch in unseren Wäldern umherstreiften, nach dem Ende ihres Winterschlafs suchten, daher auch der Name. Bärlauch ist eine Vitamin- und Mineralbombe, er hilft dem ausgezehrten Körper im Frühjahr wieder zu frischem Schwung und

Vitalität. Außerdem sorgt die Schwefelverbindung Allicin, die allen Zwiebelgewächsen zu eigen ist und die dafür sorgt, dass uns beim Zwiebelschneiden die Tränen laufen, dass wir gesund bleiben. Denn Zwiebelgewächse sind pflanzliche Antibiotika, sie können Bakterien hemmen. Sie können aber noch mehr, denn im Gegensatz zu unseren synthetischen Antibiotika besitzen sie auch eine Wirkung gegen Pilze und Viren. Sie stärken somit unser Immunsystem. Außerdem fördert Allicin die Darmflora und verhindert Ablagerung an den Gefäßen. Bärlauch gilt als das natürliche Mittel zur Darmsanierung.
Genau wie die Bären früher freuen wir uns im Frühling über dieses erste Grün. Die Schneeglöckchen verzaubern unsere Sinne, gefolgt von den zahlreichen anderen Frühjahrsblühern wie Narzissen und Tulpen. Diese Zeit hat seine ganz eigene Qualität, ganz anders als der heiße Sommer oder der ruhige Herbst. Im Herbst da ist es nicht so euphorisch, da sehnt man sich so langsam nach der Ruhe des Winters, nach einer stillen Stunde auf dem Sofa mit einem guten Buch. Der Herbst ist lange nicht mehr so geschäftig wie der Frühling oder der Sommer. Obwohl es nochmal ein Feuerwerk an Farben gibt, so ist doch alles viel ruhiger und beschaulicher. Man sehnt sich jetzt nach etwas Warmem: Kartoffeln, Kohl und Suppen sind im Trend. Im Herbst ist das Jahresende in Sicht. Die Natur zieht sich zurück, aber nicht ohne vorher noch einmal ein gigantisches Fest zu feiern und ihr Füllhorn über uns auszuschütten: Die Vorratskammern sind gefüllt, der Winter, die ruhige Zeit kann kommen.
Ich mag diesen Wechsel der Jahreszeiten, diese Veränderung, denn jede Zeit hat ihren eigenen Reiz und es wird nie langweilig. Ein Rhythmus in unserem Leben, der sich jedes Jahr aufs Neue wiederholt. Die Pause im Winter benötigen wir dabei genauso wie die Tätigkeit und das Vergnügen. Ich liebe den Winter und die Ruhe und Erholung nach einem ereignisreichen Gartenjahr.

Wie traurig und langweilig ist es da, wenn man Gärten sieht, in denen dieser Rhythmus fehlt. Diese neue Art der Kies- oder besser Schottergärten, die eher an Steinwüsten erinnern als an einen Garten. Häufig gibt es in diesen Gärten außer einem Haufen Steine oder Kies nur eine einzige immergrüne Pflanze. Hier sieht das ganze Jahr über alles gleich aus. Kein Sprießen der Blätter im Frühling, keine imposante Blüte oder die roten und gelben Töne der Blätter im Herbst gibt es hier zu bewundern. Auch liegen keine abgestorbenen und teilweise schon zersetzten Blätter auf dem Boden, die den Humus für das nächste Jahr liefern. Alles ist steril und rein, fast schon tot. Pflegeleicht soll es sein, perfekt und immer gut aussehen und keine Arbeit machen.
Doch ist die Arbeit wirklich alles? In einem Garten, in dem es grünt und blüht, da wimmelt es auch von Insekten und anderem Getier, ist immer etwas los. Die Vögel zwitschern, die Bienen summen und die Sonnenstrahlen scheinen durch die zarten Blütenblätter der Stauden. Hier herrscht Leben, das mehr als nur einmal ein Lächeln auf unser Gesicht zaubert, uns staunen lässt. Diese Augenblicke der Freude findet man in solchen Steinwüsten so nicht. *»Solche Gärten sind für mich materialisierte Depressionen und spiegeln ein beängstigendes Bild unserer Gesellschaft«*, schreibt Karla Krieger in ihrem Plädoyer für den Garten und die Gartenkultur. In solchen Gärten gibt es keinen Rhythmus, da fehlt der Klang. Erst die Abwechslung von Klang und Pause ergeben den Rhythmus, ob in einem Musikstück oder auch im Leben. Auch unser Leben braucht eine Melodie, einen Rhythmus, damit es spannend bleibt. Und gerade deshalb sind die Pausen so wichtig, denn arbeiten tun wir in der Regel genug.
Der Rhythmus der Natur, der seit Jahrtausenden auf die Gestirne, die Sonne und das Licht, aber auch auf die Erde ausgerichtet ist, ist auch in unserem Körper gespeichert. In unseren Breiten sind das die Jahreszeiten, der Wechsel zwischen Tag und Nacht. Alles

das bestimmt unser Leben nach wie vor – ob wir es nun wollen oder nicht. Doch wir machen die Nacht zum Tag, arbeiten wie die Maschinen, ohne Pausen, wollen nicht alt werden und wundern uns dann, wenn unsere Körper streikt, wir uns nicht mehr wohlfühlen und sogar krank werden.
Die Natur, der Garten zeigen uns eigentlich immer wieder, jedes Jahr aufs Neue, wie es geht. Doch wir hören nicht hin, wollen es nicht sehen. Denken, wir wissen es besser. Doch diese Lebensweise bekommt uns nicht, macht uns nicht glücklich. Obwohl wir alles haben, hier in unseren Landen mit so vielem gesegnet sind, geht es uns weder körperlich noch seelisch gut. Die wenigsten von uns sind wirklich zufrieden oder gar glücklich.
Mir ging es ähnlich, als ich vor zwölf Jahren hier in den Bayerischen Wald kam. Jahrelang hatte ich den Spagat geschafft, Kinder großzuziehen, zu arbeiten und sich einigermaßen fit zu halten mit Sport. Doch fit war ich keineswegs. Die Jahre in einer Gärtnerei, der jahrzehntelange Umgang mit unseren sogenannten Pflanzen-

Mit der Blüte der Herbstastern beginnt die farbenfrohe Jahreszeit im Garten, der Herbst.

schutzmitteln und die schwere körperliche Arbeit hatten ihren Tribut gezollt. Mein Körper war mit gerade mal 40 Jahren am Ende. Ich war am Ende!
Doch das Schicksal hatte ein Einsehen. Es verschlug mich mit meiner Familie in den Bayerischen Wald, auf dieses kleine »Sacherl«. Hier war ich jetzt plötzlich alleine auf meinem Berg, zwar mit einem Garten von heute gut 7.500 m², also eigentlich Arbeit in Hülle und Fülle, aber auch – und das war das wichtigste – mit genügend Abstand zum heutigen Mainstream. Zum ersten Mal gab es wirklich Zeiten zum Ausruhen und Reflektieren. Ich konnte eine Pause machen, wenn es mir reichte, mal nicht so gut ging, mein Körper streikte. Weil, wen interessierte es schon, ob der Rasen nun gemäht war oder nicht, das Unkraut in den Beeten wuchs oder die Beete wie geleckt waren. Und ich entdeckte dabei etwas Erstaunliches: Dass wir oft selber unsere schärfsten Kritiker sind und uns das Leben meist selber sehr schwer machen. Zum ersten Mal hatte ich Zeit mich zu fragen: Was will ich überhaupt, wie wünsche ich mir mein zukünftiges Leben? Bin ich mit dem zufrieden wie es mir geht, was ich mache und habe?
Heute fragen mich die Menschen, die meinen Garten besuchen, oft, wie ich das alles alleine schaffe, wie das funktioniert. Woher ich die Kraft und die Energie nehme, so einen großen Garten zu bewirtschaften, sogar mit Obstwiese und Gemüseacker. Es funktioniert, weil es mir in erster Linie Spaß macht! Ich arbeite gerne, vor allem draußen in der Natur. Ich liebe es Beete zu gestalten oder dem Gemüse beim Wachsen zuzusehen. Aber ich habe auch viel gelernt in diesem letzten Jahrzehnt: Pausen zu machen, wenn ich sie brauche. Egal, wie der Garten aussieht oder wer zu Besuch kommt. Und siehe da, es geht auch so, sogar perfekt. Die Menschen finden sich wieder in meinem Garten, finden es schön, dass nicht alles so perfekt ist, sondern natürlich, man sich wohlfühlt und seine Seele baumeln lassen kann. Oft nehmen sie den Mut

mit nach Hause, es ebenfalls zu versuchen, sich nicht abbringen zu lassen und wieder Freude an der Gartenarbeit zu haben.
Gerade der Garten, die Natur verzeihen in der Regel sehr viele Fehler. Man kann immer wieder neu anfangen, erhält jedes Jahr eine neue Chance. Wenn es im letzten Jahr nicht so gut gelaufen ist, dann ist es im darauffolgenden Frühjahr wie mit einer Schiefertafel, wo das alte Geschriebene weggewischt wird.
Die Kraft und die Energie für meinen Garten, meine sonstige Arbeit – ob es das Schreiben der Bücher, das Fotografieren oder die zahlreichen Führungen sind – habe ich nur, wenn ich mir auch zwischendurch meine Auszeiten gönne. Und diese Auszeiten sind nicht einfach nur Pausen, sie sind ein völliger Rückzug in meinen Garten, in die Natur. Dort tanke ich Kraft, regeneriere ich. Dort sind alle Probleme dieser Welt unbedeutend, dort regieren andere Gesetze. Da gibt es Hilfe und ich muss nicht alles alleine tun! Ich denke, wir brauchen alle diesen Rückzug aus unserer hektischen Welt, damit der Kopf, der Geist wieder klar werden. Jeder hat da eine andere Methode: Der eine schnappt sich seinen Hund und macht einen Spaziergang durch den Wald, der andere schwingt sich auf sein Fahrrad. Bei mir ist es der Garten, die Natur, die einsamen Ecken des Bayerischen Waldes. Und diese Klarheit des Geistes ist wichtig, damit wir wieder fühlen können, spüren können, was uns guttut und was nicht. Damit uns bewusst wird, was wir da tun, ob wir das auch wirklich so wollen. Damit wir wieder spüren können, wo wir authentisch sind und wo wir nach der Pfeife der anderen tanzen, wo wir manipuliert werden.
Wenn wir abends abgekämpft auf dem Sofa zusammensinken, nur noch in der Lage sind die Fernbedienung des Fernsehers zu betätigen, dann können wir nicht mehr reflektieren. Dann ist man froh, dass man seine Ruhe hat. Man funktioniert in der Regel nur noch. Doch genau das ist das Hamsterrad, in dem man steckt, nicht rauskommt und irgendwann dann zusammenklappt. Genau

das ist der Zustand, so scheint es mir oft, in dem die Menschheit verharren soll. So wie es die Römer früher schon mit ihrem Volk gemacht haben: Mit Brot und Spielen beruhigt man die Massen, lenkt sie ab, damit die Menschen nicht auf dumme Gedanken kommen und sich ihre Freiheit zurückholen. Das funktionierte damals wie auch heute. Deshalb brauchen wir den Abstand, um zu hinterfragen und zu reflektieren.

So etwas lernt man nicht an einem Tag, das benötigt Zeit. Auch mir geht es heute noch so, dass ich mich manchmal wieder in diesem Rad entdecke. Doch ich erkenne es sehr schnell und weiß auch wie ich sofort wieder aussteigen kann. Ich habe vor allen Dingen gelernt, in dieser Zeit in meinem Garten bedingungslos mir und meinen Gefühlen zu vertrauen, auch wenn ich es zu Anfang vielleicht noch nicht benennen kann. Dann gilt es abzuwarten und zu beobachten, ein Handwerkzeug jedes guten Gärtners. Die Dinge zeigen sich schon irgendwann und man bekommt die Antworten, die man braucht. Das Erstaunliche ist dabei, dass die Natur, das Leben selbst, viel erledigt und regelt. So manches Problem löst sich im Nichts auf. Die Meisen pflücken für ihre gerade geschlüpfte Brut die Läuse von den Rosen. Die Freundin kommt um die Ecke und braucht dringend Rote Johannisbeeren. Zum Dank bringt sie später drei Gläser selbstgekochte Marmelade vorbei. Besser geht es doch nicht! Man spürt dann automatisch, wo kann ich etwas erreichen, wo nicht. Wo verpufft meine Energie, ist sie vergebene Liebesmüh, und wo ist sie von Nutzen. Dass man höchstes lenkend eingreifen muss, der Rest erledigt sich wie von selbst. Es ist ein Spiel, welches mich immer wieder begeistert, mich immer wieder fasziniert. Und manchmal denke ich ehrfurchtsvoll: Es ist einfach genial, wie dieses Leben funktionieren kann. Doch dazu muss man sich auf das Leben einlassen, offen sein dafür. Vieles ist dann vielleicht anders als geplant. Aber in der Regel ist es auch viel besser und macht viel mehr Freude!

Gesundheit aus dem Garten

Wenn wir vergessen wie man Erde umgräbt
und das Land bestellt,
dann vergessen wir uns selbst.
Mahatma Gandhi

Küchengärten, wie man heute den alten Bauerngarten nennt, erleben eine regelrechte Renaissance. Aus Stiefkindern werden Vorzeigeobjekte, man rückt sie wieder in den Mittelpunkt des Gartens. Selbst in Blumenläden in der Großstadt findet man im Frühjahr neben dem üblichen Blumensortiment Gemüsejungpflanzen. Das, was man vom Bauernmarkt auf dem Land kennt, hält wieder, so möchte man fast sagen, Einzug in die Stadt. Die junge Generation pflanzt auf ihrem Balkon Salat, Mangold, Tomaten und Basilikum. Selbst mit Kartoffeln im Kübel versucht man sich. Das Besondere sollte es schon sein, nicht nur ein paar einfache Kräuter wie Petersilie oder Schnittlauch. Damit wird der Natur, dem Gemüse und vor allen Dingen der Qualität von Nahrungsmitteln wieder ein ganz anderer Stellenwert eingeräumt als noch vor einigen Jahren. Es scheint, als besinne man sich wieder auf seine Wurzeln. Denn Garten, der Anbau von Gemüse und anderen Nahrungsmitteln gehören eigentlich zu den Grundbedürfnissen des Menschen. Es ist der Grundstein unserer Kultur. Seit der Mensch sesshaft geworden ist beschäftigt er sich mit diesen Dingen. Doch in den modernen Industrieländern war der Anbau von eigenem Gemüse lange Zeit eher ein negatives Klischee. Man kann doch alles viel billiger kaufen und macht sich zudem auch nicht die Hände schmutzig, war die landläufige Meinung. Doch mit der Zunahme unserer Wohlstandkrankheiten, der Erkenntnis, dass die Pille aus der Apotheke eben doch sehr viel nicht in den Griff bekommt, besinnt man sich wieder auf das Naheliegendste: eine gesunde Ernährung. Vorbeugen, den Körper gesund erhalten, anstatt später die Mängel zu beheben und zu heilen. Man entdeckt wieder die einfachen Sachen, das Naheliegendste, das was den Menschen seit Jahrhunderten das Überleben gesichert hat: Die Pflanzen vor der Haustüre im eigenen Garten. Alte Heilpflanzen und Wildkräuter werden wiederentdeckt. Man kocht und würzt wieder, mit allem was einem zur Verfügung steht. Bücher zu diesem Thema füllen ganze Regalbretter, überall gibt es Kurse und Workshops zu Themen wie kochen und heilen mit Wildkräutern. Eben weil es die Menschen interessiert und beschäftigt. Weil man merkt, dass es einem trotz des Wohlstandes, trotz der hohen medizinischen Versorgung doch nicht so gut geht, Krankheiten an der Tagesordnung sind. So besinnt man sich wieder darauf, welche Schätze die Natur, der eigene Garten, zu bieten hat. Und entdeckt dabei ein ganz neues Gefühl von Glück und Gesundheit. Gartenarbeit macht fit und hält den Körper gesund und beweglich.

Schon in den 50er-Jahren gab es eine Studie, die belegte, dass in den Mittelmeerländern viel weniger Wohlstandkrankheiten, etwa Herz-Kreislauferkrankungen, zu finden waren als in den nördlichen Industrieländern. Man führte dies auf die unterschiedlichen Ernährungsgewohnheiten zurück, was sich später in zahlreichen Untersuchungen bestätigte. Im Gegensatz zu den Menschen in

unseren Breiten wird im Mittelmeerraum viel mehr Obst und Gemüse und vor allem frische Kräuter verzehrt als bei uns. Außerdem ernährt man sich von hochwertigen Pflanzenfetten wie Olivenöl und Getreide, indem sehr viel Brot verzehrt wird. Bei uns dagegen besteht der Hauptbestandteil der Nahrung aus tierischen Produkten wie Fleisch und tierischen Fetten. In Verbindung mit zu viel Zucker und zu viel Weißmehl macht uns diese Ernährung krank, sorgt für eine Übersäuerung des Körpers, die heute für viele Krankheiten verantwortlich gemacht wird. Unsere Nahrung enthält viel zu wenig frische Bestandteile wie Gemüse, Obst und Kräuter. Wir sind zwar Weltmeister im Verzehr von Säften – vor allem Apfelsaft, der aber zum großen Teil aus Konzentrat hergestellt wird und deshalb auch nicht so wertvoll ist wie Direktsaft. Zusätzlich fehlen uns aber die frischen Produkte, das unbehandelte Obst und Gemüse kommt viel zu selten auf unserem Speiseplan vor. Dabei ist es genau das, was uns am Leben hält, nährt und vor allen Dingen dafür sorgt, dass wir vital und gesund bleiben, also erst gar nicht krank werden.
Es ist die Grünkraft, wie das schon Hildegard von Bingen, die große Heilkundige aus dem Mittelalter, beschreibt. Zahlreiche Inhaltsstoffe (ätherische Öle, Alkaloide, Bitter- und Gerbstoffe, Glycoside wie die Farbstoffe Anthocyan und Flavonoide sowie Senf- und Lauchöle), die den Pflanzen zu eigen sind, sorgen dafür, dass unser Stoffwechsel gut funktioniert, unser Immunsystem gestärkt wird und wir uns so von Natur aus schon vor Krankheiten schützen. In erster Linie zählt auch Chlorophyll dazu, es ist gut für unsere Darmflora. Zudem wirkt der hohe Mineralstoffgehalt in grünen Blattgemüsen und Wildkräutern der Übersäuerung unseres Körpers entgegen. Pflanzen sind zudem Vielstoffgemische, enthalten die Inhaltsstoffe je nach Pflanzenart in den unterschiedlichsten Zusammensetzungen, die dann entsprechend wirken. Schon der griechische Philosoph Aristoteles wusste: *»Das*

Ganze ist mehr als die Summe seiner Teile«. Es ist die für jede Pflanze typische Kombination an sekundären Pflanzenstoffen, wie man die Vielzahl dieser Inhaltsstoffe noch bezeichnet und die größtenteils zu der großen Stoffgruppe der pflanzlichen Phenole gehören, die diese spezielle Wirkung ausmachen. Ein weites Feld, welches sich der Wissenschaft heute erst langsam erschließt, was aber die Kräuterkundigen vergangener Zeiten schon wussten – durch Erfahrung und Ausprobieren sowie genauester Überlieferung des eigenen Wissens an die nächste Generation. Deshalb mag es heute nicht überraschen, dass die Wissenschaft Wirkstoffe und deren Heilwirkung in den Pflanzen entdeckt, die in der Volksmedizin schon lange bekannt und gebräuchlich sind. Gleiches gilt für die Bitterstoffe, die in vielen Pflanzen enthalten sind. Man kennt sie vor allem vom Löwenzahn, aber auch von Chicorée, Radicchio und Endiviensalat. Bitterstoffe sorgen für einen ausgeglichenen Säuren-Basenhaushalt. Außerdem regen sie den Appetit an sowie die Produktion der Verdauungssäfte und stärken

Jede Pflanze enthält die für sie typische Kombination an sekundären Pflanzenstoffen, die bei der Pastinake einen Großteil ihres Gesundheitswertes ausmachen.

das Immunsystem. Die Blutbildung wird gefördert, da die dafür notwendigen Stoffe, Eisen und Vitamin B12, vermehrt resorbiert werden. Generell verbessern Bitterstoffe die Aufnahme von Nährstoffen, Mineralien und Vitaminen und wirken somit Müdigkeit, Antriebslosigkeit und Schwächezuständen entgegen. Was allerdings schon sehr lange bekannt ist, denn Bitterstoffe sind Hauptbestandteile vieler alter Lebenselixiere: *»Ad longam vitam«*, für ein langes Leben, so bezeichnete man diese Tränke früher. Sie durften in keiner Hausapotheke fehlen, weil man eben wusste, dass das Trinken eines bitteren Getränkes den Körper kräftigt. Und häufig wurden diese Getränke mit Alkohol haltbar gemacht, so entstanden die Bitterliköre und Schnäpse. Bitterstoffe wirken auch auf das vegetative Nervensystem und bringen es wieder in Balance. Das heißt einerseits, dass erschöpfte Menschen, welche ohne Antrieb wieder neuen Schwung erhalten und gekräftigt werden. Andererseits finden unruhige, überdrehte Menschen wieder mehr zur Ruhe und Entspannung. Das ist eine Fähigkeit, die nur den Pflanzen zu eigen ist: So zu wirken, wie es der Mensch gerade braucht. Welches Medikament kann das schon? Außerdem weiß man heute auch, dass die Wirkstoffe, die man durch die Pflanzen zu sich nimmt, vom Körper wesentlich besser aufgenommen werden und wirken als synthetische Produkte. Dem Körper ist es anscheinend nicht egal, ob der »Dünger« aus der Tüte kommt oder aus den Pflanzen. Eigentlich kein Wunder, denn unser Körper ist seit Jahrtausenden an die hiesigen Pflanzen angepasst. Ein Werk der Evolution. Vielleicht würde es in tausenden von Jahren wirklich keinen Unterschied mehr machen, wenn sich die Körper an die künstlichen Produkte angepasst hätten. Doch im Moment sind die Pflanzen, unsere ursprüngliche Nahrung, noch klar im Vorteil. Und wenn man solche Evolutionsprozesse betrachtet, dann findet dort eine starke Auslese statt, viel bleibt dabei auf der Strecke. Nicht unbedingt wünschenswert für die Menschen, die gerade jetzt leben.

Hochwasser in meinem Garten

Gegen das aber, was man im Überfluss hat,
wird man gleichgültig, daher kommt es auch,
dass viele hundert Pflanzen und Kräuter für wertlose
Unkräuter gehalten werden
und mit Füßen zertreten werden,
anstatt dass man sie beachtet, bewundert und gebraucht.
Sebastian Kneipp

Die heute sogenannten Wildkräuter waren lange Zeit Unkraut für mich. So hatte ich es auch vor langer Zeit in meiner Ausbildung zur Gärtnerin gelernt. Damals gab es diesen Wildkräuterboom noch nicht. Da wurde alles, was nicht in Reih und Glied im Beet stand entfernt, das gehörte da nicht hin. Ich mochte zwar viele dieser Pflanzen draußen in der Natur, im Wald und auf der Wiese, aber bitte nicht in meinem Beet, in meinem Garten. Den Anblick der Gänseblümchen fand man noch schön, die konnte man durchaus im Rasen tolerieren. Doch beim Löwenzahn sah das schon anders aus. Er sollte, bitteschön, in der Wiese wachsen, dort, wo er hingehörte. Und dass man diese Kräuter auch essen konnte, das konnte ich mir gar nicht vorstellen, da war ich weit davon entfernt. Wusste man als Gärtner doch schließlich genau, dass vieles auch giftig war, dass man nicht alles ohne weiteres genießen kann. Da war ich eher skeptisch und vertraute dem, was ich kannte. Nach dem Motto: Was der Bauer nicht kennt, isst er nicht.

Erst das große Donauhochwasser vor einigen Jahren hier in der Gegend brachte ein Umdenken. Es bot mir die Möglichkeit, mal genauer hinzuschauen und mich von meinen vorgefassten Meinungen und Einschätzungen zu lösen. Erst als auch mein Garten aufgrund der großen Regenmengen hier in diesem Gebiet, denn die Donau ist nur wenige Kilometer entfernt, quasi unter Wasser stand, öffnete sich für mich die große Welt der sogenannten Unkräuter. Da erkannte ich, wie schwer man sich manchmal mit etwas Neuem, Unbekanntem tut. Wie schwer es oft ist, die Dinge auch einmal von einer anderen Seite zu betrachten. Unbedarft wie ein Kind zu sein, ohne unsere tausend »Wenn-und-aber«, etwas Neues auszuprobieren und einfach zu entdecken, was es noch alles auf dieser Welt gibt. Wir verdammen soviel, weil wir es nicht kennen, weil wir Angst davor haben es einfach einmal auszuprobieren und zu sehen, was sich entwickelt. Es ist noch nicht einmal die Angst aus unseren eigenen Erfahrungen, die uns davon abhält, sondern es ist das, was wir mal irgendwo gehört und aufgeschnappt haben, das uns daran hindert. Und da können wir uns eigentlich noch nicht einmal sicher sein, ob es stimmt, ob wir es überhaupt richtig verstanden haben.

Wir vertrauen unserem gesunden Menschenverstand, uns selber weniger als dem »Geschwätz anderer Leute«, um es einmal sehr drastisch auszudrücken. Was soll denn schon passieren, wenn man einfach mal ein paar von diesen Kräutern ausprobiert, testet wie sie schmecken und wie man sie verwenden kann. Wir kennen uns heute so gut aus in der Pflanzenwelt, verfügen über Möglich-

keiten des Informierens, die die Menschen früher nicht hatten. Sie mussten oft aus der Not heraus Pflanzen essen, Kräuter ausprobieren, deren Wirkung sie nicht kannten. Und das konnte auch schon einmal schiefgehen, wenn die Pflanze giftig war. Aber genau das sind die Erfahrungen, auf die wir heute zurückgreifen können und vor allen Dingen auch Zugriff haben.
Mir ging es nicht anders. Auch ich hatte eine gewisse Hemmschwelle diesen Pflanzen, den Wildkräutern gegenüber. Auch ich wendete mich diesen Pflanzen erst zu, als aufgrund der schlechten Wetterlage, der Kälte und des immensen Regens, der schließlich zu dieser verheerenden Hochwassersituation führte, kaum etwas wuchs in meinem Garten. Und das Wenige, was sich mühsam über die Erde traute, wurde noch von den Schnecken vertilgt. Es war Mitte Mai und der Garten war leer. So kam es mir jedenfalls vor. Doch das täuschte, denn es gab durchaus Pflanzen, die sehr gut wuchsen: Brennnessel, Giersch und Löwenzahn. Ihnen schien die Kälte und der viele Regen überhaupt nichts auszumachen, sie wuchsen wie immer. Und so gab ich mir endlich die Mühe und beschäftigte mich etwas mehr mit diesen Pflanzen, als sie nur aus dem Garten zu entfernen. Und entdeckte Erstaunliches! Ich erkannte, wie wertvoll diese Pflanzen eigentlich sind, wie sie voller Mineralstoffe und Vitamine stecken. Dagegen sind unsere herkömmlichen Gemüse regelrecht Stiefkinder. Diese Wildkräuter sind geradezu »Vitaminbomben«, die besonders im Frühling unseren Stoffwechsel ankurbeln, unseren Körper entschlacken und die leeren Vitamin- und Mineralstoffdepots nach dem Winter wieder auffüllen. Kleine Muntermacher mit einer erstaunlichen und großen Wirkung. Wer hätte das gedacht! Nur weil sie so klein sind, so gewöhnlich und allseits bekannt, kennen wir sie doch nicht wirklich, wissen wir nicht was in ihnen steckt. Verteufeln wir sie als Unkraut, ohne wirklich zu wissen was wir da tun. Unser allseits bekanntes Gänseblümchen hat einen Vitamin-C-Gehalt,

an den kommt noch nicht einmal annähernd eine Zitrone oder Orange heran. Unser hoch geschätzter Salat besteht zu 95 % aus Wasser, enthält außer Folsäure und ein paar Vitaminen nicht wirklich viel. Aber wir haben schnell etwas Masse, was beim Gänseblümchen äußerst schwierig ist. Doch wie so oft im Leben ist es die Verbindung, der goldene Mittelweg, der schließlich zum Erfolg führt. Deshalb: Einige Blätter vom Gänseblümchen oder andere Wildkräuter im Salat bereichern diesen enorm und machen ihn zu einer wertvollen Speise.

Was für die Wildkräuter gilt, gilt auch für viele andere Dinge im Leben. Was wir nicht kennen, macht uns in der Regel Angst. Und wir haben oft auch nicht den Mut und die Zeit, uns mit

Brennnesseln sind Vitamin- und Mineralstoffcocktails, da kann kein Gemüse mithalten.

diesen Dingen wirklich zu beschäftigen. Wir glauben hier lieber anderen, vorgefassten Meinungen, als uns selber ein Bild darüber zu machen, eigene Erfahrungen zu sammeln und es selber auszuprobieren. So ist es auch mit den vielen fremden Menschen, die in unser Land strömen. Wir kennen diese Menschen nicht, ihre Art zu leben, und wir haben Angst vor dem Neuen. Wir geben ihnen gar keine Chance, wie dem lästigen Unkraut. Sicher gibt es auch bei diesen Menschen, wie bei den Pflanzen, einige die uns nicht guttun, die giftig sind. Denen geht man eben besser aus dem Weg, lässt sie in Ruhe. Solche Menschen gib es doch in unserem Land auch. Mit denen müssen wir uns doch auch auseinandersetzen, ihnen Grenzen setzen und sagen: So geht es nicht. Aber deshalb sind doch nicht alle so. Deshalb verbanne ich doch nicht alle Pflanzen aus meinem Garten, weil vielleicht ein oder zwei darunter sind, die giftig sein könnten, die mir nicht gefallen. Da würde ich mich doch einer Freude, eines schönen Gartens berauben. Und wie oft hat eine Pflanze, die man zu Anfang nicht mochte und skeptisch betrachtet hat einen vom Gegenteil überzeugt. Wie oft ist man begeistert, wenn man erst einmal die Möglichkeit hatte sie kennenzulernen, ihre Qualitäten zu schätzen. Da ist aus manch unscheinbarem, ungeliebtem Exemplar sehr schnell eine Lieblingspflanze geworden. Doch wir müssen uns die Zeit nehmen, sie kennenzulernen, ihnen die Möglichkeit geben zu wachsen und ihre Pracht zu entfalten. Und das erreicht man selten, in dem man ihnen den Rücken zukehrt oder mit der Hacke zu Leibe rückt.

Unser größter Triumph ist nicht, niemals zu fallen,
sondern immer wieder aufzustehen.

Ralph Waldo Emerson

Anders sein!

Es ist traurig, eine Ausnahme zu sein,
aber noch viel trauriger ist es, keine zu sein.
Mark Twain

Meistens fällt es uns im Garten nicht besonders schwer die Eigenheiten verschiedener Pflanzen zu akzeptieren. Wir geben den Pflanzen ihren Raum, schaffen Bedingungen, damit sie gut gedeihen können. Denn im Garten, da mögen wir sie: Pflanzen, die durch ihre Andersartigkeit aus der Menge hervorstechen, Pflanzen, die von anderen Kontinenten stammen. Da freuen wir uns über ausgefallene Schönheiten aus fremden Ländern. Diese Exoten lieben wir, auch wenn sie viel Arbeit und Mühe machen. Da versuchen wir mit Tricks und Kniffen die Bedingungen zu schaffen, damit sich die Fremden bei uns wohlfühlen. Man möchte sie im Garten integrieren, versucht ein harmonisches Bild mit dem Vorhandenen zu schaffen. Diese Pflanzen bekommen oft einen ganz besonderen Platz, werden außergewöhnlich in Szene gesetzt. Man ist neugierig auf das Neue. Und es gibt viele Pflanzen bei uns, die schon fast wie Einheimische anmuten, solange werden sie in unseren Landen kultiviert. An der Winterhärte merkt man jedoch, dass sie eigentlich nicht hier zu Hause sind. Schmucklilien kommen aus Südafrika, Olive und Oleander aus dem Mittelmeergebiet, ebenso Lavendel und Rosmarin. Auch unsere heißgeliebten Äpfel stammen ursprünglich nicht aus Europa, sondern aus den subtropischen Bergtälern Ostasiens. Dort, wo eine der ersten Hochkulturen der Menschheit zu finden ist: Mesopotamien. Auch der Kulturapfel, der seit jeher mit der Menschheit eng verbunden ist, hat dort seine Wurzeln. Noch heute findet man in den Gebirgshängen oberhalb von Alma Ata, die sogar als Stadt des Apfels bezeichnet wird, in Kasachstan die Wildart *Malus sieversii*, aus der unsere Kulturapfelformen entstanden sind. Also auch das, was wir als unser Kulturgut hegen und pflegen, die alten Streuobstwiesen, haben fremde Wurzeln. Bei uns in Mitteleuropa gab es ursprünglich nur den Holzapfel, der klein und zäh ist. Man findet ihn heute noch am Waldrand oder in Wildschutzhecken, dort dient er als Futter für das Wild. Bei den Pflanzen gelingt uns vortrefflich, was uns bei den Menschen oft so schwerfällt: die Eigenheiten des anderen zu akzeptieren. An Pflanzen lieben wir das Anderssein, wenn beispielsweise plötzlich die Blüten gefüllt sind, die Blätter panaschiert oder der Wuchs etwas gedrungen. Sogar den Pflanzen, die krank sind, von Virosen befallen und einen Korkenzieherwuchs oder gekräuselte und bunte Blätter hervorbringen schenken wir unsere Aufmerksamkeit und liebevolle Beachtung.

Mit Begeisterung holen wir Pflanzen die aus anderen Erdteilen stammen in unseren Garten. Und blickt man in die Gartengeschichte zurück, dann gab es Zeiten, in denen eigens Pflanzensammler über die Weltmeere zogen, um genau solche Pflanzen zu suchen und zu finden. Diese Pflanzen wurden unter großem persönlichem und finanziellem Einsatz in unsere Heimat gebracht. Und dort ging der Aufwand weiter. Teilweise mussten für diese Exoten extra Glashäuser gebaut werden, aufwändig beheizt, damit diese Pflanzen in unserem Klima überhaupt gediehen. Man denke

nur an die vielen Zitrusfrüchte in den Orangerien und Palmenhäusern, die auch heute noch jeden Gärtner begeistern. Wie groß ist die Freude, wenn man selbst ein Zitronenbäumchen aus Samen gezogen hat und es nach langen Jahren des Wartens endlich viele schöne, wunderbar duftende Früchte trägt. Das ist doch etwas ganz anderes als gekaufte Früchte. Darauf ist man stolz.
Doch bei den Menschen, da mögen wir solche Dinge nicht, da fehlt die Begeisterung. Da soll einer wie der andere sein, möglichst keiner aus der Reihe tanzen. Vieles, was anders ist versetzt uns in Angst und Schrecken. Wir sind nicht mehr offen und staunen, was es da gibt, sondern bauen Mauern und Grenzen, um uns zu schützen. Da gibt es keine Neugierde. Die Frage, was der Andere benötigt, um sich wohlzufühlen verschwindet ganz.
Menschen, die anders leben, als wir es gewohnt sind gelten oft als Außenseiter, werden eher ausgegrenzt anstatt liebevoll bewundert. Davon kann sicher auch so mancher Gärtner ein Lied singen, der kopfschüttelnd bemitleidet wird, weil er sich so viel Arbeit macht, so viel in seinem Garten herumwühlt und vielleicht sogar noch Gemüse anpflanzt, was man doch viel billiger und leichter kaufen kann. Doch vielleicht hat gerade dieser Mensch erkannt, was Lebensqualität bedeutet, was glücklich sein bedeutet.
Warum fällt es uns bei den Menschen, aber auch bei uns selber, so schwer, was bei den Pflanzen so leicht ist? Das Andere zu akzeptieren und zu genießen, sich daran zu freuen, es als Bereicherung im Leben zu sehen. Wie schwer tun wir uns gerade heute mit dem Flüchtlingsthema. Begrüßen wir hier die Exoten, so wie wir es mit unseren Pflanzen tun? Freuen wir uns über die Bereicherung, die diese Menschen in unser Land bringen? Wollen wir ihnen einen Platz in unserem Leben zugestehen, so wie den neuen Pflanzen im Garten? Warum ist das, was im Garten so leicht ist, im menschlichen Miteinander so schwer? Was ist hier anders? Was macht uns solche Angst, dass wir so um uns schlagen?

Was ist wirklich wichtig?

Wenn man die Menschen ermutigen möchte,
etwas zu verändern,
darf man sie nicht permanent
mit Hiobsbotschaften zermürben.
Ernst Ulrich von Weizäcker

Schlägt man die Zeitung auf oder schaut die Nachrichten im Fernsehen an, dann ist man in der Regel zutiefst erschüttert, fast schon traumatisiert, was in der Welt so alles passiert. Eine Hiobsbotschaft folgt der anderen, zumindest in den einschlägigen Blättern und Sendern. Man kann es kaum fassen, verfolgt mit Bestürzung die Ereignisse und spürt die Angst, die sich dadurch verbreitet wie ein Lauffeuer. Ist die Welt wirklich so schlecht und fürchterlich, frage ich mich dann manchmal, wenn ich nach den Nachrichten noch einen Spaziergang durch meinen Garten mache, mit dem Hund noch ein Stück laufe.
Da steht der Nachbar plötzlich hinter dem Gartenzaun und schneidet seine Himbeeren. Ich habe ihn gar nicht gesehen, so war ich in meine Gedanken versunken. Er wirft mir beim Vorübergehen ein freundliches »Schön ist es heute Abend« zu. Und es stimmt! Es ist ein wunderschöner, lauer Frühlingsabend, die Vögel zwitschern

und die letzten Strahlen der Sonne wärmen das Gesicht. Eigentlich perfekt. Warum ist mir das zuvor nicht aufgefallen, frage ich mich. Weil ich noch in Gedanken bei dem war, was ich eben gehört und gesehen habe. Aber als ich mich jetzt umsehe, mir wirklich bewusst mache, was mich umgibt, kann ich eigentlich nichts von dem erkennen, was mir gerade erzählt wurde. Auch nicht, wenn ich die letzten Wochen Revue passieren lasse. Meine Erlebnisse decken sich nicht mit dem, was in den Nachrichten erzählt und berichtet wird, obwohl auch in meinem Leben Dinge stattfinden, Menschen plötzlich sterben, die man schmerzlich vermisst, Dinge anders laufen, als man sie sich vorgestellt hat. Aber es passieren auch sehr viele schöne Dinge, nichts Spektakuläres, aber Erlebnisse, die einen berühren und Freude schenken. So wie der Nachbar gerade am Gartenzaun, der mich aus meinen

Die Pracht meines Gartens zeigt mir sehr oft, was wirklich wichtig ist im Leben!

trüben Gedanken aufgeweckt, geradezu wachgerüttelt hat. Ich erinnere mich an die jungen Rumänen, die mir neulich auf der Autobahn meinen Reifen gewechselt haben, als ich einen Platten hatte. Die noch nicht einmal das Geld für einen Kaffee nehmen wollten, das ich ihnen gerne geben wollte, weil ich einfach nur froh und glücklich war über ihre Hilfe und darüber, dass ich dadurch noch sauber und pünktlich meinen Termin einhalten konnte. Oder die beiden Afrikaner, die mir auf dem Bahnhof halfen, als sich die Tür des Zuges nicht öffnen ließ. Die mich auf das große Schild aufmerksam machten das ich nicht gesehen hatte. Auf dem stand deutlich geschrieben, dass die Tür kaputt und nicht zu öffnen ist. Da mussten wir doch alle drei lachen, als sie es mir vorgelesen haben. Oder ich denke an die netten jungen Flüchtlingsmänner im Nachbarort, die dort Zwischenstation machten, weil sie lieber in die Stadt weiterziehen und dort arbeiten wollten. Sie erinnerten mich doch sehr an meinen Sohn. Jedenfalls, so denke ich während ich durch meinen Garten schlendere und den schönen Abend genieße, sind das nicht die zermürbenden Geschichten, die ich tagtäglich im Fernsehen sehe. Im Fernsehen, in der Zeitung, das ist nur ein kleiner Teil der Geschichte, ein sehr kleiner Teil, den es leider auch gibt. Aber er macht lediglich mal fünf Prozent der ganzen Wahrheit aus. Die anderen 95 Prozent – da wo es gut läuft, Menschen helfen, Gutes tun, gut miteinander auskommen und leben – die werden einfach unter den Teppich gekehrt. Damit beschäftigen wir uns nicht. Das ist selbstverständlich, das interessiert niemanden. Und dabei ist es doch der wesentlich größere Teil des Ganzen! Anscheinend sind wir Menschen so gestrickt, dass wir uns immer auf das konzentrieren, was nicht passt, auf die Katastrophen. Und erliegen dann noch der Illusion, das sei die ganze Wahrheit. Doch die Wahrheit ist in der Regel das, was wir ausklammern, gar nicht sehen, weil es so selbstverständlich ist, so normal.

Und während ich so weiter durch den friedlichen und wunderschönen Frühlingsabend wandere, frage ich mich, warum wir Menschen uns das Leben selber so schwer machen. Warum wir uns auf genau diese wenigen Prozente, die nicht passen, ausrichten und uns davon den viel größeren Teil verderben lassen. Denn es gibt so viele schöne, wirklich berührende Momente im Leben. Gerade bei den sogenannten Katastrophen gibt es sehr viele davon. Wir müssen nur die Augen aufmachen und sie sehen. Sie sind da, nur sind es nicht die lauten Momente. Sie sind oft ganz still und leise, fast heimlich. Gerade in solchen Momenten halten die Menschen wieder zusammen, helfen einander und erkennen, was wirklich wichtig ist.

Die Pflanzen auf meinem Feld geben ein sehr gutes Beispiel dafür ab, wie ein Miteinander funktionieren kann. In dieser Mischkultur ergänzen sich Gemüse- und Zierpflanzen gegenseitig und schützen sich vor Krankheiten und Schädlingen.

Ich erinnere mich an das Hochwasser an der Donau vor einigen Jahren. Als hier im Sommer alles unter Wasser stand. Plötzlich waren da die Studenten, die mit angepackt haben, geholfen haben, wo Not am Mann war. Niemand hat das unseren Kindern, die angeblich doch nichts anderes können, als vor dem Computer und den Handys zu kleben, zugetraut. Sie haben den Menschen gezeigt, wie wichtig ein Miteinander ist, ein Zusammenhalten. Und genau das gilt für so viele Bereiche in unserem Leben. Besonders für den Umgang mit der Natur, dem Garten. Wir wollen die Dinge kontrollieren, einen so großen Fluss wie die Donau in ein enges Flussbett zwingen. Doch man kann keinen Fluss aufhalten und sich ihm in den Weg stellen. Das war die entscheidende Botschaft dieses Hochwassers, sozusagen der Aufschrei der Donau, die ihren Raum zurückhaben will, den Platz, der ihr zusteht. Es ist die Achtung, der Respekt vor der Schöpfung, das Miteinander, was uns die Donau mit aller Macht vor Augen geführt hat, woran sie uns mit diesem Hochwasser erinnert hat. Und doch sind die Stimmen, die nach einem Ausbau der Donau rufen, nicht verstummt. Im Gegenteil, sie sind sogar noch lauter geworden.
Nur wer die Grenzen des anderen respektiert, in Achtung damit umgeht, wird langfristig in Frieden leben können. Das gilt für die Menschen genauso wie für die Natur und den Fluss. Wir müssen wieder lernen, dass alle ein Recht auf ihren Platz haben. Wenn wir der Donau den Raum zugestehen der ihr gebührt, dann wird es in Zukunft solche Katastrophen nicht mehr geben. Doch das ist das Problem unserer Zeit: Wir haben kaum noch Raum zur Verfügung, unsere Grenzen werden immer enger. Und da soll dann alles auf kleinster Fläche Platz haben. Wie soll das funktionieren? Da stößt Grenze auf Grenze und weder die Menschen noch die Pflanzen haben genug Luft zum Atmen, können sich ausdehnen und entfalten, sich den Raum nehmen, den sie zum wirklichen Blühen und Gedeihen brauchen.

Achtsam gärtnern!

*Der Garten erdet mich. Hier finde ich am ehesten
die Ruhe und Geborgenheit, die es im Alltag kaum noch gibt.
Der Garten, die Natur haben ihren eigenen Rhythmus.
Hier nutzen keine selbst gebastelten Terminpläne,
und auch Zeit-Management-Kurse werden die Möhren
nicht schneller wachsen lassen.
Gärtnern heißt: Sich dem Rhythmus der Natur anpassen,
geduldig zu sein und Achtsamkeit zu üben, die Jahreszeiten
wieder in ihrer ganzen Intensität zu erleben, all die vielen
kleinen Dinge am Rande zu beobachten,
ja einfach nur wahrzunehmen.*

Wolfgang Funke aus: Der heilsame Garten

Achtsam, ein Schlagwort wie so viele in unserer Zeit: Nachhaltig, regional, vegan und was sonst noch so alles in unseren Sprachgebrauch Einzug gehalten hat. Man kann es sehen wie man will, doch schon Victor Hugo hat um 1840 gesagt: *»Nichts auf der Welt ist so mächtig, wie eine Idee, deren Zeit gekommen ist«*. Und so scheint es auch mit der Achtsamkeit und allen anderen Schlagwörtern dieser Zeit zu sein. Die Menschen sehnen sich im Grunde ihres Herzens genau nach dem, was so

laut propagiert wird. Unbewusst haben wir es schon lange verstanden, ist uns schon lange klar, dass wir irgendwo den falschen Weg eingeschlagen haben. Denn das, was wir uns wünschen, wovon wir insgeheim träumen, hat wenig mit dem zu tun, was wir tagtäglich tun, was wir leben. Doch wir sehen den anderen Weg nicht, haben oft das Gefühl, dass es keinen anderen Weg gibt, dass wir machtlos sind, selber nichts verändern oder tun können.
Aber es sind die kleinen Schritte, die oft große Veränderungen bringen. Einfach einmal innehalten auf diesem Weg, stehenbleiben und eben achtsam sein. Vielleicht erkennt man dann, dass da doch noch ein winzig kleiner Weg in den Wald führt, den man vorher, als man die breite Straße entlang gestürmt ist gar nicht gesehen hat. Erst als man angehalten und sich umgesehen hat, achtsam war, hat man gesehen, dass es doch noch einen Weg gibt, der einem noch nie aufgefallen ist. Er ist nicht breit und auch nicht groß, aber er ist gut zu gehen und führt in eine ganz andere Richtung. Viele schre-

Besonders der Frühling ist eine Zeit, in der man Achtsamkeit gut üben kann. Geht man dann mit Muße durch den Garten, lässt sich jeden Tag etwas Neues entdecken, kommt eine neue Blüte zum Vorschein, die man sonst oft übersieht.

cken auch davor zurück, diesen kleinen Weg zu nehmen, haben Angst, denn er ist vielleicht nicht so beleuchtet wie die große Straße. Die anderen Menschen rufen ihm vielleicht zu, was er denn da macht, er soll doch weiter mit ihnen kommen. Aber genau dieser Moment, wenn man in dieser Achtsamkeit bleibt, sagt einem ganz klar, die breite Straße endet irgendwann vor einem Abgrund, da geht es nicht weiter. Hier weiß ich auch nicht, wie es weiter geht, aber ich kann es ausprobieren, erkunden, Schritt für Schritt. Und die Sehnsucht wird irgendwann größer als die Angst. Die Sehnsucht sagt einem, man soll es versuchen, soll es ausprobieren. Und vielleicht kommt nach einem kurzen Stück Wald eine wunderschöne Lichtung mit einer herrlichen Blumenwiese, auf der man sich ausruhen, Pause machen und einfach einmal die Sonne genießen kann. Das ist auf dem großen Weg nicht möglich, das weiß man ganz genau, das hat man schon erlebt. Da werden einem die anderen, die diesen Weg entlangstürmen, keine Ruhe lassen. Achtsamkeit ist heute ein Wort, welches einen ebenso belächelten Beigeschmack hat wie die Liebe. Und doch ist es das, was unsere Gesellschaft so dringend braucht, was die Menschen sich so sehnlichst wünschen. Auch wenn viele es nicht benennen können, sich gar nicht erlauben dieser Sehnsucht Raum zu lassen. Achtsamkeit bringt uns wieder in die Rolle eines Kindes, welches staunend die Welt entdeckt, ausprobiert und erforscht, ohne sich von der Angst abhalten zu lassen. Im Gegenteil, das macht es nur noch reizvoller. Früher hat man das als Abenteuerlust beschrieben. Achtsamkeit zeigt uns auch die Grenzen des anderen, lässt uns wieder freundlicher miteinander umgehen. Denn viele unserer heutigen Probleme sind durch fehlende Achtsamkeit entstanden und würden sich durch mehr Achtsamkeit auf der Stelle lösen lassen. Betrachtet man nur einmal das Thema Buchspilz im Garten, welches in meinen Augen, aus meinen Erfahrungen heraus, ein hausgemachtes Problem ist. Niemand stellt sich einmal die Frage,

warum das so ist oder forscht nach den Ursachen. Wir bekämpfen, wie so oft, nur die Symptome, wollen schnell eine optimale Lösung finden. Geduld, einmal nach den Ursachen zu forschen, die ganze Geschichte zu beobachten, die Zeit hat niemand. Und so wird es wohl auch in Zukunft keine zufriedenstellende Lösung geben und der Buchs wird verschwinden.
Auch bei mir im Garten gibt es den Pilz seit Jahren. Zunächst dachte ich, ich bleibe verschont hier oben auf meinem Berg, wo sonst nicht viel ist. Aber da sollte ich eines Besseren belehrt werden. Es traf mich als eine der ersten. Bei einer kleinwüchsigen Sorte, die ich noch nie geschnitten hatte, zeigten sich die ersten Symptome. Ausgerechnet die Sorte, die von meinem verstorbenen Freund stammte, eine liebe Erinnerung. Ich war wütend und verzweifelt. Ich saugte die befallenen Blätter sogar mit dem Staubsauger auf, um sie dann in der Mülltonne zu entsorgen, damit sich der Befall nicht ausbreiten konnte. Doch alle Mühe war vergebens. Die Pflanzen schlugen zwar wieder aus, aber so richtig erholten sie sich nicht. Man macht und tut, versucht verzweifelt etwas zu verändern, kämpft und kämpft. Doch es geht nicht! Erst wenn man es akzeptiert, dem Unausweichlichen in die Augen sieht – auch wenn man dafür wie ich zwei Jahre braucht – dann erkennt man die Möglichkeiten, den neuen Weg. Dann, wenn man die Hecke endlich rausschmeißt merkt man, dass sie gar nicht fehlt, dass alles sowieso schon viel zu dicht war, dass es jetzt viel schöner aussieht. Und man fragt sich unweigerlich, warum man so lange gewartet hat, sich so schwer damit getan hat.
Man erkennt auch, dass die anderen Pflanzen ebenfalls infiziert sind, es aber wesentlich leichter wegstecken, dass dieser Pilz sortenabhängig ist. Und man erkennt seine eigenen Fehler, dass es sehr wohl auch am Schnitt liegt, wie man mit den Pflanzen umgeht. Und dass es mit den Pflanzen nicht anders ist als mit den Menschen: Auch diese werden krank, wenn man sie schlecht

behandelt, nicht achtsam mit ihnen umgeht, ihnen Dinge abverlangt, die ihnen nicht guttun, die sie auslaugen und schwächen. So wie wir heute schneiden, mit elektrischer Heckenschere, das ist für die Buchspflanzen mit ihren vielen kleinen Blättern Gift. Es entstehen zu viele Schnittwunden, die zum einen enorme Eintrittspforten für den Pilz schaffen und zum anderem der Pflanze viel abverlangen, denn sie muss die Wunden alle schließen. Man sieht es den Pflanzen nach dem Schneiden auch deutlich an: Die vielen braunen angeschnittenen Blätter zeigen es sehr gut. Schneidet man dagegen mit der Gartenschere Zweig für Zweig, ist das zwar sehr mühsam, aber für die Buchspflanzen wesentlich besser verträglich. Ich habe eine Weile benötigt bis ich das verstanden habe. Denn auch ich habe mir aufgrund meiner Vielzahl an Buchskugeln so eine elektrische Handschere zugelegt und war begeistert. Ich war nicht mehr wochenlang mit Buchsschneiden beschäftigt, sondern hatte das Ganze in ein paar Tagen erledigt. So sollte es sein!
Doch ich hatte die Rechnung ohne meine Pflanzen gemacht. Sie zeigten in diesem Sommer deutliche Symptome des Buchspilzes. Ich schob es auf die feucht-warme Witterung, doch die nicht geschnittenen Pflanzen in der Wiese, zwischen den Obstbäumen, waren kerngesund. Aber der Sache auf den Grund kam ich erst, als meine Freundin aus der Nachbargemeinde, die dasselbe Wetter hat, mir fröhlich erzählte, dass sie mitten im Sommer ihre Buchspflanzen schneidet. Das mache ich seit Jahren nicht mehr, weil gerade dann der Infektionsdruck noch größer ist. Meine Pflanzen werden schon seit Jahren im März geschnitten, doch das hatte mir diesmal auch nicht geholfen. Und wie es bei solchen Dingen ist, wenn der eine das hat, was der andere gar nicht kennt, wird diskutiert, stellt man Vermutungen auf, die sich irgendwann mal bestätigen oder nicht. Und unsere Vermutung war es, dass es am Schnittwerkzeug liegt, denn meine Freundin schneidet nach guter alter Sitte mit der Schere. Und zwar in erster Linie aus dem

Grund, weil die geschnittenen Pflanzen viel schöner aussehen und keine braunen Blätter haben. Aber das hat noch einen ganz anderen Effekt, die Pflanzen bleiben gesund. Was mir meine Mutter und eine andere Freundin bestätigten, denn auch sie kennen keinen Buchspilz. Es gibt durchaus noch Gärten, in denen er noch nicht zu Hause ist und wie nicht anders zu erwarten: Die Gärtner dort schneiden ihre Pflanzen mit der Gartenschere.
So ist es mit vielen Dingen im Garten, aber auch im Leben. Wir sehen oft nur die eine Seite, die die uns angeht. Die andere Seite, wie es dem anderen damit geht, interessiert uns gar nicht, wollen wir gar nicht wissen. Natürlich gib es auch die anderen Fälle, bei denen man nur die anderen sieht und sich selber vergisst, sich selber gegenüber nicht aufmerksam ist. Aber genau das ist Achtsamkeit, alles zu sehen und zu beachten, denn dann finden sich die Lösungen oder ergeben sich erst gar keine Probleme.

Die Buchskugeln in meinem Garten werden auch noch mit der Hand geschnitten.

Doch wie oft ist uns das Andere egal, interessieren sich die großen Firmenchefs wenig für ihre Arbeiter, fragen wir uns nicht, wie unser Fleisch auf den Teller kommt und wie es den Tieren ergangen ist. Wie oft hört man unter Gärtnerkollegen: Der Kunde will es aber so. Da werden dann Gärten geplant, Pflanzen verwendet, die hier überhaupt nichts zu suchen haben. Das ist dann so, als würde man einen Kaktus in den Sumpf setzen und sich dann wundern, warum er nicht wächst. Aber wir wünschen uns mediterrane Gärten an Stellen, wo eher ein Urwald zu Hause ist. Oder einen üppigen Garten mit Bambus und Kamelien, wo kaum Niederschläge fallen und es sehr trocken ist.
Wir wollen anscheinend immer das, was wir nicht haben können, was zudem noch ungeheuer anstrengend und zeitaufreibend zu realisieren ist. Wir modellieren dann mit Bagger und Raupe neue Landschaften, legen Sümpfe trocken, damit wir unsere Vorstellungen realisieren können. Wir fällen alte Baumriesen, die nicht in unser Konzept passen, sich nicht in unsere Planung einfügen und pflanzen stattdessen einen Exoten, der uns ein Vermögen kostet und wahrscheinlich im nächsten Jahrhundertwinter das Zeitliche segnet, weil es ihm zu kalt ist. Von der Zeit und dem Pflegeaufwand, den man benötigt, um dieses Konstrukt am Leben zu erhalten, ganz zu schweigen. Dabei wäre es so einfach, so leicht, wenn wir nur mal die Augen aufmachen würden, achtsam sein würden und sehen würden, was schon alles da ist. So wie es jeder gute Gärtner und Gartenplaner macht, der sich den Standort, die Standortbedingungen erst einmal ansieht. Was für Pflanzen wachsen hier schon? Wie kann ich sie einbinden und wie kann ich einen stimmigen Ort schaffen, an dem sich alle wohlfühlen, Mensch und Pflanze? Und dann habe ich vielleicht auch einmal Zeit meinen Garten zu genießen, im Liegestuhl zu liegen und ihn zu betrachten, anstatt mit viel Aufwand und Mühe etwas aufrechtzuerhalten, was hier nicht hingehört. Im Leben wie im Garten!

Es geht nicht!

Der Planet braucht keine erfolgreichen Menschen mehr.
Der Planet braucht dringend Friedensstifter, Heiler, Erneuerer,
Geschichtenerzähler und Liebende aller Art.
Er braucht Menschen, die gut an ihren Plätzen leben.
Er braucht Menschen mit Zivilcourage,
bereit sich dafür einzusetzen,
um die Welt lebenswert und menschlich zu gestalten.
Diese Qualitäten haben wenig mit der Art von Erfolg zu tun,
wie er in unserer Kultur verbreitet ist.

Dalai Lama

Wir haben einen Herbst, der sich gewaschen hat. In diesem Jahr gibt es keinen goldenen Oktober, in diesem Jahr regnet es dauernd. Und das schon seit Wochen. Überall ist es matschig und nass, kaum trocknet etwas ab. Dabei hatte ich noch so viel geplant für den Gartenherbst. Ein Staudenbeet wollte ich umpflanzen, die Pflanzen aufnehmen und teilen, damit es sich wieder gut entwickeln kann, denn so langsam war dieses Beet in die Jahre gekommen, sah nicht mehr ganz so überzeugend aus. Und der Haufen Mist wartete auch noch darauf in den Gemüsegarten eingearbeitet zu werden. Doch dies alles fällt

buchstäblich ins Wasser, ist einfach nicht möglich, weil es zu nass ist. Jeder Schritt im Garten ist jetzt einfach zu viel. Man macht mehr kaputt, als es letztendlich bringt.
Doch das einzusehen ist manchmal gar nicht leicht. Denn in der heutigen Zeit und in unserer Gesellschaft, ist ein »Es geht nicht!« nicht vorgesehen. Bei uns gibt es Erdbeeren an Weihnachten, Spargel im Winter, einfach alle erdenklichen Obst- und Gemüsearten zu jedem beliebigen Zeitpunkt. Wie sie dabei schmecken ist allerdings eine andere Frage.
Alles, jeder Ort ist sehr schnell erreichbar. Wir tauchen ein in das Gefühl von Sonne und Strand, wenn wir das wollen. Dazu brau-

Äpfel brauchen für die Ausbildung ihrer Fruchtfarbe Sonne und kalte Nächte, doch manchmal werden sie in unseren Breiten von einem frühen Wintereinbruch überrascht.

chen wir noch nicht einmal in ferne Länder zu fliegen, denn wir können dies auch hier direkt vor Ort erleben. Die Illusion macht es möglich, mittels Sonnenstudio, Heizung und Erlebnisbad.
Doch im wirklichen Leben sieht es sehr häufig anders aus.
Da kommt dieses »Es geht nicht!« sogar sehr oft vor. Da sträubt sich was, auch wenn wir es mit Biegen und Brechen durchsetzen wollen. Es gelingt einfach nicht. Viele Dinge kann man nicht übers Knie brechen. Sie benötigen Zeit, um sich zu entwickeln, sie müssen erst wachsen und reifen. Wie ein Apfel oder Erdbeeren längere Zeit Sonne brauchen, damit sie gut schmecken. Da nützen keine Gewächshäuser, Folientunnel oder künstliche Aromen im Gießwasser. Es funktioniert nicht, die Natur lässt sich nicht ins Handwerk pfuschen. Die Früchte schmecken einfach nicht!
Doch gerade auf den guten Geschmack kommt es an im Leben, auf die Würze, das Salz in der Suppe. Das gibt dem Leben doch erst den Reiz, macht die unterschiedlichen Facetten des Lebens aus. Deshalb schmeckt dann eine Erdbeere nach Erdbeere, ein Apfel nach Apfel und eine Möhre wie eine Möhre – und nicht alles gleich. Aber genau das funktioniert nur, wenn man dieses »geht nicht« akzeptiert. Wenn ich jetzt mit Gewalt meinen Gemüsegarten umgrabe, alles zermatsche und noch das Pech habe, dass es keinen ordentlichen Frost gibt im Winter, der mittels Frostgare meinen angerichteten Schaden vom Herbst wieder wegmacht, dann werden meine Möhren in dem verdichteten Boden im nächsten Jahr nicht mehr so gut wachsen können. Ihnen fehlt die Luft im Boden und das gleicht auch kein zusätzlicher Dünger aus. Der macht nur noch mehr kaputt, denn die Möhren haben durch den zusätzlichen Antrieb noch mehr Stress – den es durchaus auch bei Pflanzen gibt – und schmecken fade.
Manchmal hat man auch Vorstellungen von Beeten, Anpflanzungen, aber auch Dingen im Leben, die sich einfach nicht realisieren lassen. So oft man es versucht, so sehr man sich auch bemüht, es

gelingt nicht. Man bekommt es nicht hin. Die Pflanze, die man sich an einer bestimmten Ecke vorstellt, wächst nicht oder zumindest nicht so, wie man das gerne hätte. Sie kümmert, sieht immer etwas kläglich aus, hat nichts gemeinsam mit dem blühenden und voller Kraft strotzenden Strauch, den man hier in seiner Vorstellung vor sich sieht. Obwohl man alles gemacht hat, alles Erdenkliche ausprobiert hat, den Boden ausgetauscht, gedüngt, gewässert und geschnitten hat, es funktioniert nicht. Trotz aller Bemühungen, keinem ersichtlichen Grund, warum es nicht funktioniert – die Pflanze will hier einfach nicht wachsen. Es wird nicht so, wie wir es uns wünschen, wie man es gerne hätte.
Auch im Leben ist das oft so. Wir sehen wie es sein könnte, stellen es uns vor, doch aller Bemühungen zum Trotz, das gewünschte Ergebnis tritt nicht ein. Die anderen, die Pflanze spielt nicht mit, will einfach nicht das, was wir wollen. In solchen Momenten, ob

Alles braucht seine Zeit, um wachsen und reifen zu können.

im Garten oder im Leben, habe ich gelernt, es gut sein zu lassen. Einfach einmal aufzuhören, eine Pause zu machen und loszulassen. Das heißt nicht zwangsläufig, dass man falsch gelegen hat, eine irrsinnige Idee hatte, die man nicht verwirklichen kann. Viel öfter ist es so, dass die Zeit einfach nicht passt, der andere noch nicht bereit ist für diesen Schritt. Man kann niemanden zu seinem Glück zwingen, die Pflanze nicht und schon gar keinen Menschen. Man muss sie ihre eigenen Wege gehen lassen, ihre eigenen Erfahrungen machen lassen, so schwer das einem auch fällt. Es bringt nichts, es immer wieder zu versuchen, sich Pläne auszudenken, wie man es anders, noch besser machen könnte. Es funktioniert nicht, ist vergebene Mühe, die nichts bringt. Gerade die eigenen Kinder, der eigene Garten machen einem das immer wieder klar. Man kann es nicht erzwingen. Es hilft auch nicht, zu protestieren, immer wieder dagegen anzugehen. Das führt nur zu noch mehr Gegenwehr, zu Streit und noch mehr Protest. Damit ist letztendlich niemandem geholfen. Nur wenn ich den Standpunkt des anderen akzeptiere, seinen eigenen Weg respektiere – auch wenn ich es im Moment nicht verstehen kann, nicht sehen kann wie es sich entwickelt –, gibt es Ruhe und Frieden. Dann hat das Ganze eine Chance sich zu entfalten. Dann erkennt man plötzlich, warum es nicht funktionieren konnte. Dann zeigt sich plötzlich besagte Pflanze an einer anderen Stelle im Garten, wo wir sie nie vermutet hätten, wo wir sie auch nie hingepflanzt hätten. Wo sie aber noch schöner aussieht, sich selber noch besser in Szene gesetzt hat, als wir es selbst geschafft hätten. Und letztendlich zählt das Ergebnis, sind doch alle zufrieden.

Verirrungen des Geistes

Um seinen Garten zu verstehen,
muss man seine Sprache lernen und diese auch sprechen.
So begreift man die Zusammenhänge und Verflechtungen
von Pflanzen, Tieren und Menschen.
Und dieses Wissen ist geheimnisvoll,
faszinierend und unendlich.
Magdalena Kühn

Wenn man im Herbst oder besonders auch im Frühling aufmerksam über das Land fährt, dann fallen einem die braun-gelben Äcker auf. Sie stechen mit ihrer Farbe hervor und wirken wie Fremdkörper in dem frischen, hellen Grün, was ansonsten die Frühlingslandschaft bestimmt. Doch auf diesen Feldern sprießt nichts mehr, da ist allem was kreucht und fleucht mit einem Herbizid der Garaus gemacht worden. Moderne Landwirtschaft nennt man so etwas heute. Da spricht man von Pflugloser Bodenbearbeitung, um die Lebewesen im Boden zu schonen, die angeblich durch das Pflügen in Unordnung gebracht werden. Doch das Unkraut sowie der Getreideauswuchs – was beides durch ein Pflügen einfach untergeackert wurde und dem Boden zusätzliche organische Substanz brachte – muss beseitigt

werden. Das »Verschwindenlassen« unter der umgedrehten Erde wäre zu einfach, deshalb spritzt man das Feld mit einem Herbizid ab, das die Pflanzen bekämpft und so das Bodenleben schont. Kontrollieren kann das keiner. Wer sieht schon die unzähligen Bakterien, Pilze und anderen Lebewesen, die zu Milliarden unseren Boden bevölkern. Die Wissenschaft hat es bis heute nicht geschafft, das wirklich zu entschlüsseln.
Tatsache ist nur, dass der Baustein des Lebens sehr einfach ist. Alles funktioniert nach dem gleichen Muster, ist aus dem gleichen Stoff aufgebaut, der Zelle. Je höher die Lebewesen entwickelt sind, desto mehr Zellen gibt es, die sich spezialisiert und bestimmte Aufgaben übernommen haben. Wenn man es einmal genauer betrachtet, dann sind die Pflanzen höherentwickelt als Menschen und Tiere. Denn sie sind die einzigen Lebewesen, die das Licht nutzen und daraus Energie herstellen können, die Menschen und Tieren als Nahrung dient. Und diese Pflanzen werden mit einem Herbizid vernichtet, abgetötet, die Zellen zerstört. Und die Tiere, Bakterien und Pilze im Boden sollen keinen Schaden nehmen?
Der Boden ist ein lebendiger Organismus, den wir leider immer weniger schätzen, hegen und pflegen. Den Boden nicht zu pflügen oder umzugraben hat schon seinen Sinn, aber nur wenn genügend Humus im Boden vorhanden ist. Wenn Böden jährlich mit viel organischer Substanz, sprich Kompost oder Mist, versorgt werden. Und Böden, die die alten Gärtner unter uns als Schwarzes Gold bezeichnet haben sind locker, von hervorragender krümeliger Struktur und besitzen genügend wasser- und luftführende Poren. Spart man bei den heutigen Böden – denen allen Humus, organische Substanz, fehlt, denn ihnen wird viel mehr entzogen als ihnen zurückgegeben wird – das Umgraben, dann fehlt mit Sicherheit die Luft im Boden. Gerade in Gebieten wie dem Bayerischen Wald, wo Frost im Winter noch an der Tagesordnung ist, erhält man krümelige und optimale Böden durch das Umgraben.

In meinem Garten warte ich oft bis zum ersten Frost, ehe ich umgrabe. Dann haben die Regenwürmer und andere Bodenlebewesen sich schon in tiefere Schichten verzogen. Das Umgraben geht aufgrund des leicht gefrorenen Bodens gut von der Hand. Man darf nur nicht zu lange warten: Ist der Boden zu stark gefroren, dann kommt man nicht mehr hinein. Und wenn man nach einer klaren Frostnacht nicht früh unterwegs ist, dann ist der Boden wieder aufgetaut und oft zu nass und schmierig.
Der Boden ist ein sehr sensibles, aber langsam agierendes System. Fehler in der Bearbeitung zeigen sich erst nach Jahren oder Jahrzehnten. Der alte Spruch in Bezug auf die Bodenkalkung macht dies deutlich: »*Kalken bringt reiche Väter und arme Söhne*«. Durch übermäßiges Kalken werden die Nährstoffe im Boden freigelegt, schaffen damit gute Erträge, laugen den Boden aber aus. Und so wird es irgendwann mal mit dem Humus sein. Er wird der Faktor sein, der im Minimum ist und den Ertrag bestimmt. Da werden dann noch so hohe Düngergaben nichts mehr nützen.
Der Boden ist eines unserer kostbarsten Güter, doch wir gehen recht flegelhaft damit um. Wir betonieren ihn zu, Städte und Industrieflächen werden größer. Wir verbrauchen jeden Tag unzählige Quadratmeter besten Ackerboden, der unwiderruflich zerstört ist. Ihn wieder in seinen Urzustand, in fruchtbare Erde, zurückzuverwandeln, dauert Generationen. Doch das sind Gegebenheiten mit denen wir uns nicht beschäftigen wollen, da zucken wir nur ratlos die Schultern. Dabei haben wir es doch alle selber in der Hand. Wir bestimmen, was und wo wir einkaufen. Es bringt in meinen Augen nichts, der Industrie den Schwarzen Peter zuzuschieben, denn sie produziert nur das, was der Markt verlangt. Das ist ein einfaches und sehr wirksames Marktgesetz. Doch wir sind dieser Markt, wir entscheiden tagtäglich, was wir unterstützen und was nicht. Wir meinen nur immer wir hätten keine Wahl und keine Macht. Doch Kleinvieh macht auch Mist, viel Mist!

Träume brauchen Mut!

Nicht weil die Dinge unerreichbar sind,
wagen wir sie nicht,
weil wir sie nicht wagen,
bleiben sie unerreichbar.
Seneca

Dieser Mut fehlt vielen Menschen. Aber die Sehnsucht, die Träume zu leben, ist so groß wie nie zuvor. Warum haben sonst Zeitschriften wie »Landlust«, »Landidee« etc. so eine Hochkonjunktur. Weil es darin unter anderem um Menschen geht, die auf irgendeine Art und Weise ihre Träume verwirklicht haben. Und das fasziniert die Menschen, weckt Sehnsüchte in ihnen, die sie mit solchen Zeitschriften zu stillen versuchen. Warum sonst wohl sollte der Berliner, der in einem Loft ohne Garten wohnt diese Zeitung abonnieren. Solche Menschen machen in der Tat einen Großteil der Leser dieser Magazine aus. Träume sind die leise Stimme des Herzens. Sie werden nicht im Kopf gemacht. Und wie Paulo Coelheo schon in seinem berühmten Buch »Der Alchemist« beschreibt, will das Herz nicht, dass der Mensch unglücklich wird. Also wird die Stimme des Herzens immer leiser, wenn der Mensch nicht darauf hört. Doch wer hört

in der heutigen Zeit schon auf die Stimme seines Herzens, auf sein Bauchgefühl. Das wird oft belächelt, gilt als uncool. Aber gerade die Menschen, die der Stimme des Herzens Gehör schenken und die ihre Träume leben, die den Mut haben dieser Stimme zu vertrauen und ihr das Kommando zu überlassen, sind die Menschen, von denen in diesen Zeitschriften die Rede ist.
Träume schlummern in jedem Menschen, sind das Handwerkszeug der Seele. Und das Leben stellt in der Regel genügend Möglichkeiten zur Verfügung, diese Träume zu realisieren. Man muss nur die Chance ergreifen und zupacken, den Mut haben andere Wege zu gehen. Viele Menschen bleiben wegen der Steine, die ihnen in den Weg gelegt werden machtlos stehen und wissen nicht mehr weiter. Warten darauf, dass jemand kommt und diese Steine aus dem Weg räumt. Doch das wird nicht passieren, da können sie ihr Leben lang warten. Und werden auch nie erfahren, dass unter dem Stein ihr Traum lag, auf den sie so lange gewartet haben.
Die Menschen, die den Mut haben ihren Traum zu leben, werden die Steine einfach nehmen und zur Seite räumen. Vielleicht können sie sie auch noch gebrauchen, als Grundstein für das neue Haus. Träume gehen nicht wie im Märchen mit einem »Wink« sofort in Erfüllung. Träume wachsen und brauchen Zeit, wie eine Blume oder ein Baum. Sie wollen beachtet und gelebt werden, Schritt für Schritt. Sie halten nichts davon mit allem Müll in eine Schublade gestopft zu werden, um sie dann zu vergessen. Das mögen Träume überhaupt nicht. Fragt man die Menschen was sie hindert ihren Traum zu leben, dann fehlt es oft an Geld, an Freiheit. Aber im Grunde ist es der fehlende Mut, den Schritt in die Freiheit und die Veränderung zu wagen.
Wenn ich an meinen eigenen Traum denke – den alten Bauernhof mit viel Grund für einen schönen Garten mit viel Gemüse – dann hat das Jahrzehnte gedauert. Ich habe trotz aller Schwierigkeiten den Traum nicht aufgegeben. Und jeder Schritt, den ich in mei-

nem Leben gemacht habe, war ein Schritt in Richtung dieses Traumes. Zuerst war es nur ein kleines Grundstück mit einem winzigen Garten. Aber es war mein eigenes und ich konnte langsam anfangen. Außerdem hatte ich damals gar nicht die Zeit einen großen Garten zu pflegen, denn die Kinder waren noch klein und ich hatte meine Arbeit. Auch die hatte mit meinem Traum zu tun, ermöglichte mir zu lernen und zu fotografieren. Alles Dinge, die mir später sehr nützlich sein sollten. Sie haben mir zu dem Zeitpunkt, als der neue Garten sich zeigte das nötige Startkapital gegeben. Auch damals wusste ich nicht wie es weitergehen sollte und hatte nicht das nötige Kleingeld, um alle Wünsche sofort in die Tat umzusetzen. Aber es war ein Anfang und alles Weitere zeigte sich im Laufe der Jahre. Es ergaben sich Möglichkeiten und Situationen, mit denen ich nie gerechnet hatte. Die ich aber auch nie erlebt hätte, wenn ich den ersten Schritt nicht getan hätte.
Es ist wie so oft im Garten. Man hat eine Pflanze, die einen neuen Platz benötigt und am alten nicht mehr wachsen kann. Man weiß eigentlich nicht wohin, denn der Garten ist schon voll. Aber trennen mag man sich von diesem Prachtexemplar nicht. Man behält die Sache im Auge, auch wenn man nicht weiß, wie man es anstellen soll. Doch irgendwann im Laufe des Jahres ergibt sich etwas Neues. Man braucht einen neuen Zaun, ein neues Gehege für die jungen Enten, die im Frühjahr noch gar nicht eingeplant waren. Und schon hat man auch ein neues Beet am neuen Zaun in der Wiese und wieder Platz für die wunderschöne Pflanze.
So ist es auch mit den größeren Sachen und den Träumen im Leben. Erst im Gehen zeigt sich der Weg, zeigen sich die Lösung und die Möglichkeiten. Doch wenn ich auf der Stelle verharre und vor den Steinen sitzen bleibe, dann wird sich nichts verändern, dann versinkt der Traum ganz unten in der vollen Schublade. Dann fehlen dem Leben die Möglichkeiten uns zu helfen, unseren Traum zu verwirklichen.

Der Garten ist der letzte Luxus unserer Tage, denn er fordert das, was in unserer Gesellschaft am kostbarsten geworden ist: Zeit, Zuwendung und Raum.

Dieter Kienast

Immer erreichbar!

Eines der größten Luxusgüter unserer Tage ist die Zeit.
Zeit für uns selber, für die Menschen und die Dinge,
die uns am Herzen liegen.
Und vor allem auch Zeit,
um wieder zu uns selber zu finden und zu regenerieren.
Ursula Barth

Wir leben im Zeitalter des Computers, der E-Mails und Handys. Immer erreichbar zu sein ist wichtig in der heutigen Zeit. Wer das nicht ist, gehört fast schon zum »Alten Eisen«, ist zumindest ein Außenseiter. Wir sind überall verkabelt und vernetzt. Selbst das Ende der Welt ist direkt neben der Haustüre. Als meine Freundin im letzten Winter für einige Wochen in Australien war, da brachte ich sie zum Flughafen und dachte: So, jetzt ist sie erst einmal weg. Doch, welche Überraschung, wir waren in Kontakt wie sonst auch, als wäre sie, wie immer, direkt hinter dem Berg zu Hause. Wir schrieben E-Mails, telefonierten und sahen uns sogar: Skype macht es möglich. Wir sind mit allem verbunden, Tag und Nacht erreichbar. Was in der Welt Wichtiges passiert, haben wir schon in der nächsten Minute auf dem Bildschirm. Immer in Kontakt mit dem Rest der Welt!

Doch ist das wirklich immer und zu jeder Zeit erstrebenswert? Ist das, was eigentlich ein Segen, eine Bereicherung im Leben, eine enorme Arbeitserleichterung sein sollte, nicht fast schon ein Fluch? Wer bestimmt da unser Leben und diktiert unseren Zeitplan? Wir selber? Sind wir noch Herr über unsere Zeit? Das frage ich mich sehr oft, wenn ich in meinem Garten bin, ohne Telefon, und manche Leute sich beschweren, dass ich nicht erreichbar bin. Erreichbar, wann sie es wollen, wenn sie Zeit haben und sich an mich erinnern. Doch vielleicht mag ich gerade jetzt eben nicht telefonieren. Vielleicht bin ich froh über die Ruhe in meinem Garten, den Gesang der Vögel und das Summen der Bienen. Vielleicht mag ich im Moment gar nichts anderes hören. Vielleicht habe ich mir gerade jetzt die Zeit genommen, eine Stunde für mich, ganz allein im Garten, weil ich schon den ganzen Morgen telefoniert habe, Dinge erledigt habe, die erledigt werden mussten. Vielleicht reicht es mir erst einmal, habe ich Ruhe dringend nötig! Doch wenn ich mein Telefon mitnehme, wer entscheidet dann über diese Stunde Ruhe? Ich selber? Wenn wir zwischendurch einmal ein paar Stunden nicht erreichbar sind, was macht das schon? Davon geht die Welt nicht unter! Wir leben dann nicht hinter dem Mond. Wir bekommen alles noch genauso mit, nur eben dann, wenn wir es selber wollen und nicht die anderen. Deshalb liebe ich zum Beispiel E-Mails! Damit kann ich mit beschäftigen, wann ich es will. Da muss ich mir keine Gedanken machen, ob der andere jetzt erreichbar ist oder nicht, ob gerade Geschäftszeit ist oder der andere schon schläft. So etwas kann ein Gärtner gut bei Regen oder Dunkelheit erledigen oder wenn er im Hochsommer etwas Zeit im Schatten benötigt – dann eben, wenn es ihn nicht in den Garten zieht. Ansonsten ist er sowieso nicht zu gebrauchen, wenn er eigentlich viel lieber die mühsam freigeschaufeltelte Zeit im Garten genießen möchte, mit dem was ihm Freude schenkt und ihn glücklicher macht, als am Telefon zu hängen.

Wie sehr genießt man doch die Spaziergänge draußen in der Natur, nur den eigenen Hund an der Seite. Was ist es, was man dort draußen sucht? Die Ruhe, die Abgeschiedenheit, einmal nichts tun müssen, einfach nur seinen Gedanken nachhängen zu können und zu genießen. Den Fingerhut zu sehen, der plötzlich in voller Blüte am Wegesrand steht, der einem strahlend entgegenleuchtet und einen innehalten und staunen lässt. Das letzte Mal, als man vorbeigekommen ist, hat man ihn noch gar nicht gesehen, da war er noch so klein, dass man ihn gar nicht wahrgenommen hat. Ist es schon so lange her? Wie schnell die Zeit doch vergeht. Hätten wir jetzt unser Handy am Ohr, dann würden wir den Fingerhut wahrscheinlich auch dieses Mal nicht sehen. Dann würden wir gehen und telefonieren. Und wieder einmal hätten wir eine Chance, eine Gelegenheit verpasst, glücklich zu sein, den Moment zu genießen. Solche Glücksmomente, so empfinde ich es zumindest, gehören einem ganz alleine. Genauso, wie wenn man irgendwo auf einem Felsen sitzt, ins Tal blickt und der untergehenden Sonne zuschaut, dem letzten Amselgezwitscher im Gebüsch lauscht und einfach den Ausklang des Tages genießt. Das sind Momente, in denen man Kraft schöpft, die sprichwörtlichen Batterien wieder auflädt und sich stärkt für den kommenden Tag. In diesen Momenten sind alle Sorgen und Probleme weit weg, auf Abstand, so als hätte man sie zu Hause gelassen oder wieder ins rechte Licht gerückt. Dieser Abstand hilft, denn oft findet man dann einen anderen Weg, eine andere Möglichkeit, damit umzugehen und sie zu lösen. Das sind Momente, die man sich jedoch selber nehmen muss. Die Zeit für solche Momente schenkt einem niemand. Und hier erreichbar zu sein würde in meinen Augen alles zerstören. Warum mache ich denn solche Touren? Warum zieht es mich dorthin? Doch gerade deshalb, weil ich hier meine Ruhe habe, einen klaren Kopf bekomme und nichts tun muss. Schon gar nicht telefonieren!

Schnecken und anderes lästiges Getier!

Auf der Jagd dürfen wir das Gefühl der Achtung gegenüber den Wildtieren nicht verlieren. Sonst entstehen Schwielen auf unserer Seele
Rien Poortfliet

Wir sehnen uns nach Frieden in dieser Welt. Beanstanden die Missstände in unserer Arbeitswelt, in den heutigen Firmen. Kritisieren die Ellenbogenmentalität und wünschen uns stattdessen ein Miteinander. Ein Zusammenarbeiten, wieder mehr Teamwork ist gefragt. Die Sehnsucht der Menschen nach dieser Qualität ist jedenfalls groß.

Doch wie sieht es mit genau diesen Dingen in unserem Leben aus, in unserem Garten, vor der Haustüre. Gibt es da ein Miteinander mit den anderen Kreaturen im Garten, mit dem was da sonst noch rumkrabbelt? Das Rotkehlchen, die Bienen und Schmetterlinge, die mögen wir, die dürfen gerne in unserem Garten sein, sind willkommene Besucher. Aber wie sieht es mit den Schnecken, den Wühlmäusen und Blattläusen aus, den Kreaturen, denen wir keinen offensichtlichen Nutzen in unserem Garten zugestehen? Die wir nicht so gerne mögen und deren Gesellschaft wir ganz und gar nicht lieben? Gestehen wir ihnen auch einen Platz zu, einen Raum zum Leben? Dürfen sie in unserem Garten sein und ihr Leben leben zwischen »unseren« Pflanzen, dem Gemüse und den Stauden? Oder sind wir da auch eher so, dass es nach unserer Nase gehen soll, wir diese ungebetenen Gäste eigentlich gerne aus unserem Garten entfernen würden. Was wir oft auch tun, mit nicht gerade friedlichen Methoden: Man denke nur an die Plagegeister Schnecken. Da sind die Jagdmethoden in der Regel sehr vielfältig und extrem gruselig. Sie könnten einen guten Krimi ohne weiteres in den Schatten stellen. Da werden Schnecken zerteilt, bei lebendigem Leib mit kochendem Wasser überbrüht oder mit Salz über-

Schnecken sind eigentlich sehr nützliche Tiere im Garten. Ähnlich dem Fuchs im Wald ernähren sie sich von abgestorbenen, kranken und unter Stress stehenden Pflanzen und Pflanzenteilen. Starke und vitale Pflanzen lassen sie in der Regel in Ruhe.

schüttet. Nicht gerade Methoden, die ein freundliches Miteinander fördern, im Gegenteil. Wären das unsere Nachbarn, und würden wir diese so behandeln, dann müssten wir uns nicht wundern, wenn sie zurückschlagen, sich wehren würden.
Gehen wir einmal davon aus, dass nichts im Leben, in der Natur umsonst ist, alles irgendwie einen Sinn, einen Nutzen hat, auch wenn sich dieser uns im ersten Moment nicht erschließt. Nur weil wir die Dinge nicht sofort verstehen, analysieren können, sich ihr Nutzen für den Moment entzieht, heißt das nicht, dass es ihn nicht gibt. Denn jedes Lebewesen in der Natur hat seine Aufgabe, seinen Sinn und Nutzen. Die Natur macht nichts umsonst. Das kann sie sich gar nicht leisten. Das ist bei der Schnecke nicht anders als beim Regenwurm. Allerdings mögen wir die Tätigkeit der Regenwürmer, die der Schnecken dagegen halten wir für schädlich und wenig nützlich. Doch im Zusammenspiel von Boden und Tierwelt entzieht sich vieles noch unserer Kenntnis: Gerade bei den kleinen Kreaturen ist uns eine Menge noch nicht bekannt und wird erst in letzter Zeit erforscht.
Betrachtet man die Schnecken allerdings etwas genauer, beobachtet sie und erkundet mehr über ihr Leben, da wird man erstaunt sein. Die Schnecke im Garten ist, wie der Fuchs im Wald, so eine Art Gesundheitspolizei. Sie frisst auch abgestorbene, kranke und gestresste Pflanzen und sorgt genauso wie der Fuchs dafür, der sich auch von Aas ernährt, dass Totes und Abgestorbenes, organisches Material verwertet wird. Pflanzen sondern, wenn sie unter Stress stehen, einen besonderen Duftstoff ab, der Schnecken magisch anzieht. Auf dieser Basis funktioniert auch jedes Schneckenkorn. Doch warum die Pflanze unter Stress steht, es ihr nicht gut geht, ist der Schnecke relativ egal. Da gibt es vielfältige Gründe. Ob es sich um eine Schlechtwetterperiode mit Kälte und viel Regen handelt, ob der Boden aufgrund schlechter Struktur nicht optimal für das Pflanzenwachstum ist oder übermäßige

Düngung die Pflanzenstruktur selbst angreifbar macht oder wenig abgehärtete Pflanzen aus dem Gewächshaus kommen, spielt für die Schnecke dabei keine Rolle.
Doch diese Dinge ignorieren wir gerne, geben den Schnecken die Schuld und verteufeln sie als gefräßige Monster. Aber die Schnecken sind nur das Symptom. Die Ursache liegt ganz woanders, meistens in unzureichenden Kulturmethoden, die bei den Pflanzen Stress verursachen. Da müsste man also tiefer graben und genauer hinsehen, doch auf diese Idee kommen wir gar nicht. Schimpfen und sich aufregen, zu drastischen Methoden greifen – das ist oft viel einfacher als sich selber zu hinterfragen, ob auch wirklich alles passt im eigenen Garten.

Alte Salatsorten sind nicht nur köstlich, sondern auch optisch ein Genuss, wie die hier abgebildete Sorte »Forellenschluss« mit ihren roten Farbflecken. Ein weiterer Vorteil ist, dass Schnecken sie nicht so gerne mögen.

Mein Salat hatte wunderschöne Köpfe gebildet, einer schöner wie der andere. Obwohl die Witterung recht feucht war, hatte ich kaum Schnecken bemerkt, war nichts angefressen worden, so dass sich der Salat gut entwickeln konnte. Doch plötzlich waren einzelne Köpfe fast über Nacht stark von Schnecken attackiert worden. Anderen daneben fehlte nichts, was ich seltsam fand. Ich beobachtete das Ganze weiter, doch es waren nur einzelne Köpfe, die immer stärker geschädigt wurden. Um diese nicht ganz zu verlieren, nahm ich sie mit in die Küche, um wenigstens den letzten Rest noch zu verwerten. Bei genauem Hinsehen erkannte ich, dass die Köpfe nur äußerlich schön und knackig waren. Innen begannen sie schon zu faulen, hatte die feucht-warme Witterung doch ihren Tribut gezollt. Jetzt war mir auch klar, warum sich die Schnecken so auf diese Köpfe gestürzt hatten. Sie hatten den »Braten« schon gerochen, bevor ich ihn überhaupt gesehen hatte. Und meine Vermutung bestätigte sich später, dass die Köpfe, die von den Schnecken auf seltsame Weise verschont wurden, auch im Inneren noch gesund waren. Sie wurden von den Schnecken auch später nicht angerührt. Wie gesagt, die Schnecken sind nur das Symptom, aber nicht die Ursache. Und ich frage mich immer wieder: Wie soll es da Frieden in der Welt geben, ein Miteinander, wenn wir es noch nicht einmal im eigenen Garten schaffen, die Dinge zu durchschauen? Wenn wir da schon Krieg führen, gegen die Geschöpfe, die uns umgeben, die dort mit uns leben und eigentlich auch ein Recht haben auf Leben! Die uns sogar noch helfen! Denn der Tigerschnegel oder die Weinbergschnecken ernähren sich auch gerne von den Gelegen anderer Schneckenarten. Diese Arten beseitigen wir mit unserem Schneckenkorn natürlich auch. Und wer weiß schon wie diese Mittel auf andere Nützlinge wie den Igel wirken, der ja viele dieser Schnecken vertilgt, die von dem Schneckenkorn gefressen haben, denn die Schnecken verenden oft sehr langsam. Die Mittel wirken oft erst nach einiger Zeit.

Es ist noch kein Meister vom Himmel gefallen!

Kreativität heißt unter diesen Umständen natürlich auch, dass man sich die »einfachen« Produkte neu erschließt, dass man einmal darüber nachdenkt, welche große Menge an Aggregatzuständen man auch mit Lauch, Sellerie und Mais realisieren kann.
Jürgen Dollase

Betrachtet man einmal die Geschichte des Gartenbaus, dann wird man feststellen, dass alle großen Gärtner und Gärtnerinnen Meister im Ausprobieren und Beobachten waren. Sie spielten mit dem Garten, den Pflanzen, den Standortbedingungen wie ein kleines Kind. Und doch hinterfragten sie alles, was sie taten. Beobachteten äußerst genau, was aus dem wurde was sie getan hatten. Ob es sich später genauso darstellte wie in ihren Vorstellungen. All das bescherte uns im Laufe der Jahre dann auch neue Pflanzen, Kulturmethoden und Techniken. War man mit der Entwicklung zufrieden, dann wurde die Technik ausgefeilt und ausgeweitet. War man nicht zufrieden, dann verwarf man das Ganze. Das war aber kein großer Beinbruch, das half den

Gärtnern nur, die Pflanzen noch besser zu verstehen. Sie waren reicher an Erfahrung und hatten sich mehr Wissen angeeignet. Ein wunderbares Beispiel ist der französische Gärtner Jean-Baptise La Quintinie, der den berühmtem Küchengarten des Sonnenkönigs Ludwig XIV schuf. Er schaffte es, dem König Kirschen im Januar, Feigen im April und seine heißgeliebten Erbsen fast das ganze Jahr über zu liefern. Viele unserer heutigen Kulturmethoden, wie die Verfrühung von Erdbeeren oder der Spalierobstschnitt, gehen auf ihn zurück. Höfe in ganz Europa, die etwas auf sich hielten, schickten ihre Gärtner zur Ausbildung nach Versailles. Glücklicherweise hat dieser begnadete Gärtner sein Wissen aufgeschrieben und somit für die Nachwelt erhalten. Um solch einen Garten auf die Beine zu stellen, benötigt man eine gehörige Portion an Kreativität, aber auch die Gabe des Beobachtens, um das kleinste Detail wahrzunehmen und vor allen Dingen auch zu speichern, damit es einem wieder in Erinnerung kommt, wenn man es braucht. Es ist wie mit einem Puzzlespiel. Man besitzt zu Anfang die einzelnen Teile, weiß aber noch nicht, wie das fertige Bild aussieht. Erst durch Probieren findet man so nach und nach die einzelnen Stücke, die zusammengehören. Mit jedem Teil entdeckt man mehr. Und genauso ist es im Garten. Oft weiß man nicht, wie sich die Dinge entwickeln, aber man hat eine Idee, die einem im Kopf herumgeistert. Auch wenn man den Weg noch nicht genau vor sich sieht, so fängt man doch einfach an, probiert es aus. Und schon zeigt sich der nächste Schritt, kommt man ein Stück weiter. Das Leben ist spielen, ausprobieren und entdecken. Nichts ist wirklich vorgezeichnet. Erst durch unser Tun – oder eben auch durch unser Nichtstun – entwickelt es sich. Und es spielt auch keine Rolle, wenn man erkennt, dass ein Teil nicht passt. Dann muss man das Teil eben weglegen, ein neues probieren, etwas anderes wählen, damit man dahin kommt, wo man hinwollte und erreicht, was man sich vorgestellt hat.

Doch in der Regel tun wir heute dann lieber gar nichts, sind wie gelähmt, aus Angst einen Fehler zu machen. Aus Angst zurückzugehen und wieder neu anzufangen, einen anderen Weg zu gehen. Wir lernen heute einen Beruf und sollen ihm möglichst ein Leben lang treu bleiben, damit wir unseren Lebensunterhalt bestreiten können, all das erreichen, was man eben zum Leben braucht: ein Haus, ein Auto, schöne Kleider. Wir brauchen das Geld und müssen dafür arbeiten. Aber macht uns die Arbeit Spaß, sind wir davon begeistert? Der Gärtner des Königs hat sicher nicht gearbeitet, um Erfolg zu haben, viel Geld zu verdienen. Die Gunst des Königs war damals wichtig, um zu überleben. Aber er hätte diesen Erfolg nicht gehabt, wenn er nicht in erster Linie ein begeisterter Gärtner gewesen wäre. Fasziniert von der Idee, etwas Außergewöhnliches zu schaffen, das Beste aus den Pflanzen herauszukitzeln. Es geht um die Sache, ums Ausprobieren und Herumtüfteln. Das andere entwickelt sich dann eher zur Nebensache, spielt keine so große Rolle. Und gerade La Quintinie wird viele Misserfolge gehabt haben. Er wird viel ausprobiert haben, was am Anfang gescheitert ist. Viele Pflanzen werden eingegangen sein, Samen nicht aufgelaufen, Obstbäume ruiniert worden sein, bis sich der gewünschte Erfolg einstellte. Doch das gehört zum Leben, ist der natürliche Lauf der Dinge. Entscheidend ist nur, dass man weitermacht, weiter ausprobiert und erforscht. Dass man auch manchmal umkehrt, weil der Weg sich als nicht so gut erweist. Aber gerade das bringt sehr viel Weisheit und Wissen. Man erkennt: Hierhin braucht man nicht mehr zu gehen, hier braucht man nicht mehr zu suchen. Doch wenn man aus Angst den falschen Weg zu gehen stehenbleibt, dann kommt man nie ans Ziel.
Eines Morgens war ich im Gartencenter, denn ich benötigte ein paar Tontöpfe. Nun gibt es im Gartencenter ja nicht nur Blumen, Sämereien und sonstige Gartenartikel, sondern noch einiges andere, beispielsweise Kaminholz, das »mundgerecht« in luft-

durchlässige Kunststoffsäcke verpackt ist. So ein Stapel Kaminholz lag da direkt neben der Kasse. Nicht ordentlich aufgestapelt, wie man es sich für Kaminholz wünscht, nein, einfach nur abgeladen auf einen Haufen. So wie man es zu Hause liegen hat nach dem Sägen und vor dem Aufschichten an die Hauswand, nur eben in dem Fall in diesen Säcken. Nichts ungewöhnliches eigentlich. Das eigentliche Problem an der Sache war, dass niemand so genau wusste, wie man das Ganze jetzt beheben sollte. Zwei junge Mitarbeiter standen hilflos vor diesem Haufen Holz. Sie begutachteten ihn, knieten sich hin, bestaunten den Haufen von unten und von oben und schüttelten nur ihre Köpfe. Noch früh am Morgen hatte auch die Kassiererin Zeit, sich in dieses Schauspiel einzumischen. Sie verstand nicht, wie man so etwas machen konnte, den Haufen da einfach auf diese Palette zu kippen. Aber einen Rat wusste sie auch nicht.

Ich stand derweil an der Kasse, beobachtete das Ganze und konnte es einfach nicht fassen. Solche Hilflosigkeit angesichts eines kleinen Haufen Holzes. Hier mussten nur ein paar Handgriffe erledigt werden und der ganze Spuk würde sich in Luft auflösen. Ein beherztes Zupacken, ein paar Säcke zur Seite geräumt, etwas Ordnung geschaffen und den Rest aufgestapelt. Wo lag da das Problem? Ich stand fasziniert da und konnte mich nicht sattsehen. Ich fragte mich, warum wir Menschen in vielen Dingen so hilflos sind, die eigentlich gar kein so großes Problem darstellen. Doch die Mitarbeiter im Garatencenter waren deutlich überfordert in dieser Situation. Sie standen wie gelähmt da und wussten nicht, wie sie das Ganze anpacken sollten.

Und mich beschäftigte auf der ganzen Heimfahrt das Gesehene. Was war an dieser Situation so kompliziert? Hatten die Mitarbeiter keine Lust den Holzhaufen aufzuschichten? Aber diesen Eindruck machten sie nicht auf mich. Es war eher so, als wüssten sie wirklich nicht, wie sie das machen sollten. Ist es so schwer, einfach

mal irgendwo anzufangen, ohne zu wissen welchen Handgriff man als nächstes tun muss? Einfach darauf zu vertrauen und zu sehen was kommt? Oft ergibt sich erst im Tun der Weg, zeichnet sich nach dem letzten Schritt der nächste ab. Wir haben zwar das Ziel vor Augen, aber den genauen Weg dorthin kann man oft nicht erkennen, der ist verborgen. Doch warum hält uns gerade das davon ab, überhaupt etwas zu tun? Haben wir Angst vor Fehlern? Vertrauen wir uns selbst nicht oder darauf, dass wir den Weg schon finden und wissen werden, welchen Schritt in welche Richtung wir als nächstes gehen sollen?
Das ist so, als wäre auf einem Berg eine Burg mit einem wunderschönen Garten. Am Fuße des Berges erkennt man einen Weg, der zur Burg hinaufzuführen scheint. Doch genau entdeckt und sieht man ihn nicht, denn der gesamte Hang des Berges ist mit dichtem Wald bedeckt. Wenn wir den Garten sehen wollen, müssen wir den Hang hinauf und den Weg gehen. Auch wenn wir zuvor nicht genau sagen können, was uns erwartet, wie der Weg aussieht, welche Gefahren er birgt oder welche Glücksmomente und berauschenden Aussichten er uns schenkt. Wir können hier abwarten und erst einmal schauen. Vielleicht kommt irgendwann mal jemand der den Wald abholzt, sodass der Weg dann ersichtlich ist. Vielleicht auch nicht! Aber wir könnten auch alt dabei werden, ohne dass sich etwas tut und wir den Garten und die Burg jemals zu Gesicht bekommen. Nicht besonders interessant!
Die andere Möglichkeit ist, sich selbst und darauf zu vertrauen, dass man den Weg schon finden wird und mit den Gegebenheiten des Weges zurechtkommt, ihnen gewachsen ist. Zur Not kann man immer noch umkehren oder einen anderen Weg suchen. Aber vielleicht ist der Weg auch sehr einfach und schön. Wer weiß das schon, wenn man es noch nicht einmal versucht hat. Jedenfalls hört sich diese Variante eher spannend und faszinierend an. Wozu ein Stapel Holz doch gut ist!

Kleine Freuden!

Ich glaube, dass ein Garten, wenn er gut gemacht ist,
einer Autobiographie gleichkommt.
Er ist die Art und Weise, wie wir auf die Erde schreiben.
Robert Dash

Bei uns im Bayerischen Wald gibt es noch diese schmalen Straßen, manchmal noch nicht einmal geteert, die an kleinen Gehöften, einzelnen Häusern vorbeiführen. Manchmal findet man dort kleine Schmuckstücke: schöne alte Höfe mit kleinen bezaubernden Gärten, die klassischen Bauerngärten ähneln, mit Zaun, Blumen am Rand und etwas Gemüse. Früher machte es nichts, wenn zwischendurch etwas wuchs, was da eigentlich nicht hingehörte oder am Zaun ein paar Gräser, Schöllkraut oder Brennnesseln gediehen. Im Gegenteil, das machte den Reiz erst aus. Man war froh über solche Zaungäste, konnte man sie doch oft für einen Tee oder ähnliches verwenden. Man achtete nur darauf, dass sie nicht überhandnahmen und wertvolle Kulturen überwucherten. Man hatte das Ganze im Auge ohne dabei übertrieben jedem Grashalm hinterherzulaufen. Dafür fehlte früher auch oft die Zeit. Für mich eine ganz entspannte Art damit umzugehen, gelassen die Zügel in der Hand zu halten.

Jedenfalls bin ich eines Morgens auch wieder eine solche Strecke gefahren und hatte mich schon auf den kleinen Bauerngarten neben dem Haus gefreut. Doch was war da passiert? Der Garten war weg und genau dort wo er gewesen war gab es jetzt einen ordentlichen Parkplatz mit Rasengittersteinen. Der ganze Hof hatte seinen Reiz verloren. Es war zwar ordentlich und aufgeräumt, aber auch kalt und steril, so wie man es heute häufig findet. Warum machen das die Leute, fragte ich mich wie so oft auf dem Heimweg. Auch als ich wenig später etwas weiter des Weges unter den Obstbäumen den kurz geschorenen Rasen am Straßenrand sah. Ich habe auch Rasen in meinem Garten, den ich regelmäßig mähe. Aber man kann es auch übertreiben. Die Streuobstwiese in der Landschaft mit englischem Rasen ist für mich ein Stilbruch, gehört da einfach nicht hin. Warum beraubt man sich dieser kleinen Freuden, der vielen bunten Wiesenblumen, Schmetterlinge und Bienen, die man sonst hier findet und macht sich zusätzlich

Wildpflanzen wie den Heilziest (*Betonia officinalis*) fand man früher oft im Bauerngarten.

noch einen Haufen Arbeit? Manchmal kann ich es einfach nicht verstehen, was in den Köpfen der Menschen vorgeht. Meine einzige Erklärung ist, dass sie es nicht sehen, dass sie so gefangen sind in dem was ihnen erzählt wird, dass sie gar nicht mehr nachdenken oder hinterfragen, ob das auch für sie zutrifft.
Wenn ich an meinen Garten denke, dann ist das ständige Rasenmähen die meiste Arbeit. Kein Staudenbeet, sogar kein Gemüsebeet bekommt soviel Zeit und Aufmerksamkeit wie der Rasen. Und dabei habe ich keineswegs einen englischen Rasen, sondern nur eine regelmäßig gemähte Wiese. Wobei ich sagen muss, dass ich bei einer Gartentour, die ich im Sommer durch wunderschöne private sowie bekannte englische Gärten gemacht habe, den englischen Rasen dort vermisst habe. In England wuchsen auch Gänseblümchen und Klee und es gab durchaus trockene Stellen. Den typischen englischen Rasen habe ich bis jetzt nur bei uns in Deutschland gesehen! Was mir doch zu denken gab.
Deshalb verstehe ich auch das Argument der Arbeitsersparnis nicht, das in solchen Fällen immer angeführt wird. Es ist eher der übertriebene Wahnsinn nach Ordnung, nach Kontrolle, der solche Bilder entstehen lässt. Dabei beraubt man sich doch jeder kleinen Freude. Der Schmetterling auf der Herbstaster macht hier keinen Halt mehr. Der Igel kann abends auf der Suche nach Nacktschnecken nicht mehr durch das Gebüsch streifen. Und die Meisen finden im Winter keine Nachtkerzenstängel mehr auf denen sie mit akrobatischen Übungen die Samen aus den Schoten picken. Diesen Anblick gibt es nicht mehr, verschwunden, dem übertriebenen Ordnungssinn zum Opfer gefallen. Will man jetzt die Vögel im Winter aus dem Küchenfenster beobachten, dann muss man schon ein Vogelhäuschen aufstellen, es immer wieder bestücken, Futter kaufen und aufpassen, dass die Katze nicht im Vogelhaus Platz nimmt und auf den »Sonntagsbraten« wartet. Und das soll leichter und entspannter sein, Arbeit sparen? Ich glaube es kaum!

Es sind die kleinen Dinge im Leben, die kleinen Freuden, die das Leben lebenswert und glücklich machen. Das Lächeln eines Kindes, der Mann, der einem an der Kasse den Vortritt lässt, aber auch der blühende Andorn, der am Zaun des Gartens voller Bienen und Schmetterlinge ist. Die Rose, die einen innehalten lässt, wenn man dort vorbeikommt, einen dazu veranlasst, die Nase in ihre Blüte zu stecken und den kostbaren Duft einzuatmen. Das bringt Freude und lässt den Ärger und den Zorn verschwinden. Das wusste schon Hildegard von Bingen, denn sie empfahl die Rose genau zu diesem Zweck: »*Und wer jähzornig ist, der nehme die Rose und ein wenig Salbei und zerreibe es zu Pulver. Und in jener Stunde, wenn der Zorn in ihm aufsteigt, halte er es an seine Nase. Denn der Salbei tröstet und die Rose erfreut*«.
Auch die heutige Wissenschaft weiß mittlerweile um diese Dinge. Die Gartentherapie ist eine aufsteigende Form der Heilung, besonders bei alten Menschen, Menschen mit psychischen Erkrankungen und Kindern. Doch wenn wir diese kleinen Freuden dem übertriebenen Ordnungssinn zum Opfer fallen lassen, dann verkümmern wir über kurz oder lang, sind lebendig begraben in unseren Steinwüsten.
Einmal kam eine Frau nach einem Vortrag zu mir, um sich bei mir zu bedanken. Sie erzählte mir, dass sie für ihr Leben gern im Garten ist. Blumen und Gemüse anpflanzen macht ihr Spaß. Doch ihre Familie, die Nachbarn würden ihr ständig in den Ohren liegen, warum sie sich denn soviel Arbeit mache. Sie wäre doch nicht mehr »ganz bei Trost«! Aber jetzt nach meinem Vortrag fühlte sie sich gestärkt, hätte kein schlechtes Gewissen mehr, wenn sie in den Garten gehe. Weil sie jetzt genau wüsste, dass sie es richtig macht, dass es genau das ist, was sie machen möchte. Und dabei ihr Tun noch einen Sinn ergäbe, sie etwas Positives schaffen würde für die Umwelt und sich selbst. Die anderen sollten doch reden, sie wüsste es jetzt besser. Und dafür wollte sie Danke sagen.

Solche Begebenheiten sind auch für mich immer wieder Anlass, nicht aufzugeben und nicht zu verzweifeln, wenn solche schönen Gärten verschwinden. Denn diese Kleinode sind so wichtig, brauchen wir dringend, damit die Vielfalt erhalten bleibt. Die Vielfalt an Pflanzen und auch die Vielfalt an Insekten, die Pflanzen einfach brauchen, um überleben zu können. Und von den Insekten sind wiederum die Vögel abhängig. Alles hängt zusammen.
Gerade bei den Bienen und Insekten merkt man es sehr deutlich. Doch wir Deutsche lieben anscheinend den englischen Rasen. Grüne, glatt geschorene Flächen ohne Gänseblümchen und Löwenzahn erfreuen unsere Gemüter. Hier hat alles seine Ordnung, ist sauber und aufgeräumt. Kein »Dreck« verunstaltet das grüne Kunstwerk! Akribisch wird darauf geachtet, dass niemand diese Perfektion zerstört, kein Blatt, kein Maulwurf, keine Biene – denn man möchte schließlich barfuß auf dem grünen Teppich laufen. Es wird vertikutiert, gedüngt, gewässert und gemäht. Wer keine Arbeit hat, der macht sich welche!
Während der Nachbar im Frühling seinen Rasen trimmt, liege ich in der Hängematte und genieße die ersten Sonnenstrahlen. Das Moos im Rasen finde ich sehr schön und weich, besonders im Frühling, wenn es nur so vor Kraft und Farbe strotzt. Das lädt zum Barfußgehen ein. Ob man es mal versuchen soll, ob es schon warm genug ist? Denn so weich und schön wie im Frühling, ist es das ganze Jahr nicht mehr. Es sei denn, es regnet den ganzen Sommer in Strömen. Der größte Teil des Mooses verschwindet im Sommer, wenn der Rasen wieder regelmäßig gemäht wird, ohnehin von selber. Ich liebe auch die Gänseblümchen in der Wiese, und die Bienen, die darin herumschwirren. Ich bin froh, dass es sie bei mir, in meinem Garten noch gibt. Das ist heute leider keine Selbstverständlichkeit mehr. Da geht es den Bienen in der Stadt besser als auf dem Land. In Städten finden sie mittlerweile mehr Blühendes, das ihnen Nahrung bietet.

Was machen wir denn da in unseren Gärten? Sterile Wüsten voller Steine, was man dann einen Kiesgarten nennt. Nicht im Sinne der alten Grand Dame Beth Chatto, die aus der Not heraus in einem trockenen Gebiet Kiesgärten ins Leben gerufen hat. Wer sich die Mühe macht und einmal nach England fährt und ihren Kiesgarten bewundert, wird feststellen, dass die eigentliche Idee in 90 % der Fälle nicht verstanden wurde. Hier herrscht eine Pflanzenvielfalt, ein Blütenreichtum, der im normalen Garten schon nicht die Regel ist. Doch was man unter dem Namen Kiesgarten heute so sieht, ist kein Garten. Da gibt es in jeder Kiesgrube mehr Leben, mehr Pflanzen. Wir haben uns so spezialisiert, so auf das Detail fokussiert, das wir den Blick für das große Ganze, sozusagen den Überblick verloren haben. Alles in der Natur hat einen Sinn, alles spielt zusammen. Tiere und Pflanzen ergänzen sich, geben sich gegenseitig Nahrung und Raum, damit neues Leben entstehen kann, die Pflanzen zum Beispiel wachsen können oder Früchte

Bienen und andere Insekten brauchen einfache Blüten, um Nahrung finden zu können.

tragen. Da braucht es mehr als nur den Baum oder Strauch, auf dem die Früchte wachsen. Da gibt es den Boden und eine Vielzahl von Lebewesen, die aus der organischen Substanz, den abgestorbenen Pflanzenresten, die Nährstoffe für die Pflanzen verfügbar machen. Das gilt auch für den Dünger aus der Tüte. Auch da benötigt es Bakterien, Absonderungen aus den Pflanzenwurzeln, damit die Nährstoffe überhaupt aufgenommen werden können. Es wird Wasser, Feuchtigkeit und Regen gebraucht, damit die Pflanzen gedeihen, sich die Nährstoffe, gerade die aus der Tüte, auflösen können. Es ist ein vielfältiges Netzwerk, das ineinandergreift. Welches wir aber nicht sehen, in den seltensten Fällen wahrnehmen, was aber trotzdem vorhanden ist und in erster Linie wirkt. Deshalb wäre es äußerst wichtig, dass wir solchen Dingen Raum geben und nicht durch übertriebenen Ordnungssinn die Grundlage für diese stillen Helfer entziehen.
Die Bienen verhungern in vielen unserer Gärten, weil sie nichts zu fressen finden, da wir eine Ordnung geschaffen haben, die wir uns selber noch nicht einmal recht erklären können. Denn warum machen wir das? Weil wir weniger Arbeit haben wollen doch wohl kaum. Den Rasen mit der Nagelschere zu stutzen, die Steine mit dem Hochdruckreiniger von Moos und Algen zu befreien erscheint mir nicht gerade arbeitserleichternd. Das genaue Gegenteil wäre, gar nichts zu tun, die Dinge wachsen lassen und mal schauen, was da kommt. Undenkbar, denn was würden da die Nachbarn sagen? Erstaunlich finde ich, dass man selber noch nicht einmal so ein großes Problem damit hätte. Erst wenn man an die anderen denkt, was sie sagen und denken könnten, wird ein Problem daraus. Spannend! Trauen wir uns nicht unser eigenes Leben zu leben, das was wir so gerne wollen? Machen wir unser Leben von den Gedanken und Urteilen anderer Menschen abhängig, die wir nicht einmal kennen, sondern nur vermuten? Was spukt da in unseren Köpfen herum?

Die Honigbiene

Ein Garten ist ein wunderbarer Lehrer.
Er lehrt Geduld und die Gabe zu warten,
er lehrt Fleiß und Sparsamkeit,
aber vor allem lehrt er grenzenloses Vertrauen.
Gertrude Jekyll

Wir machen uns Sorgen um unsere Insekten. Sie werden weniger. Auf Spinnen, Ameisen und Kohlweißlingsraupen könnten wir ja gerne verzichten. Aber Bienen sind uns wichtig, schließlich versüßen sie mit ihrem Honig unser Frühstücksbrot. Außerdem sorgen sie dafür, dass es Äpfel und Birnen, Zwetschen und Kirschen gibt. Nicht alle Pflanzen werden vom Wind bestäubt, viele brauchen dazu Insekten. Wir erleben es immer wieder, dass in Jahren, in denen der Frost die Obstblüte zwar nicht zerstört, in denen es aber kalt und nass ist während der Blütezeit, es genauso wenig Obst gibt wie bei Frost. Das liegt zwar auch am temperaturabhängigen Pollenschlauchwachstum, aber vor allem auch am Flug der Bienen. Sie mögen warmes sonniges Wetter. Bei Kälte und Nässe bleiben sie lieber im Stock.
Jedenfalls ist es eine Tatsache, dass die Insekten weniger werden. Selbst beim Autofahren kann man es beobachten. Kaum einer

muss heute noch im Sommer nach einer längeren Autofahrt die toten Mücken von der Scheibe kratzen. Das mag zwar den einen oder anderen erfreuen, zeugt aber von wenig Weitblick. Die Natur ist ein ausgeklügeltes und fein abgestimmtes System, in dem viel ineinandergreift. Fehlt in diesem System ein wichtiger Teil oder kommt es aus dem Gleichgewicht, ist es wie bei einem Zahnrad, bei dem ein paar Zähne fehlen: Es läuft nicht mehr rund oder bleibt sogar ganz stehen. Und rund läuft bei uns schon lange nichts mehr. Doch scheinen wir nicht bereit zu sein, irgendetwas daran zu ändern. Wir schimpfen auf die moderne Landwirtschaft, die das alles verschuldet und auf dem Gewissen hat. Doch die produziert nur, was der Markt verlangt. Wir sind daran genauso beteiligt, denn wir kaufen genau die Produkte, die diese Landwirtschaft produziert. Wir sind in den seltensten Fällen bereit, mehr Geld für eine naturgemäßere Produktion auszugeben. Dass diese Lebensmittel auch von geringerer Qualität sind, verdrängen wir, ebenso wie den Pflanzenschutzmitteleinsatz in unserem Garten. Hier sorgen wir dafür, dass kein Löwenzahn oder Gänseblümchen aus dem Rasen schaut. Keine Brennnessel darf an den kahlen Trieben der Strauchrose wachsen. Wie sieht das denn aus? Als meine Mutter mich in meinem Garten mal auf diesen Faux-pax aufmerksam machte und sagte »Da musst du mal was tun!«, stand gerade mein sechsjähriger Sohn daneben. Entrüstet schaute er seine Großmutter an und entgegnete: »Oma, wir wollen Schmetterlinge haben!« Genau das vergessen wir nur allzu gerne, dass wir bei unserem Streben nach der perfekten Ordnung anderen die Lebensgrundlage entziehen. Natürlich haben wir gute Gründe dafür. Die Kinder sollen beim Barfußlaufen auf dem Rasen nicht von einer Biene in den Fuß gestochen werden. Doch mal ehrlich, wem hat ein Bienenstich – wenn die Person nicht gerade allergisch darauf reagiert – denn schon geschadet. Wir setzen unsere Kinder doch auch in ein Auto. Das ist wesentlich gefährlicher als die über den

Rasen summenden Bienen. Beim nächsten Mal passen die Kinder besser auf, wohin sie treten. Nur so lernen sie den Umgang mit der Natur, ihre Gefahren zu respektieren und damit umzugehen. Es ist traurig, dass es heute den Bienen in der Stadt besser geht als auf dem Land, dass sie dort mehr Futter finden. Aber es ist nicht nur die leergeräumte Landschaft, die ach so verhassten Maisfelder. Es sind auch die Rasenmonokulturen und Steinwüsten um unsere Häuser. Wovon soll da eine Biene leben können? Bei trockenem Wetter macht eine Sammelbiene pro Tag etwa 40 Flüge und besucht dabei bis zu 4.000 Blüten. Für ein einziges Kilogramm Honig müssen die Arbeiterinnen bis zu 18.000 Flüge unternehmen. Sie tragen dafür etwa drei Kilogramm Nektar oder Honigtau in den Stock. Das heißt, mit drei Gänseblümchen auf dem Rasen oder ein paar Kornblumen im Getreideacker ist es da nicht getan. Vielleicht müssen deshalb unsere heißgeliebten Rosen in manchen Jahren so viele Läuse haben, damit die Bienen etwas zu fressen haben. Denn Läuse sondern Honigtau ab, den die Bienen, ebenso wie die Ameisen, nutzen können.

Selbst die Straßenränder, die bei mir in der Gegend oft noch von Wilder Möhre und Wegwarte strotzen, werden gemäht, wenn sie in voller Blüte stehen. Abgesehen davon, dass in den modernen Mulchern und den großen Mähwerken der Landwirtschaft tausende von Bienen direkt den Tod finden, wenn am helllichten Tage bei Sonnenschein gemäht wird, nimmt man den Bienen auch noch ihre Nahrung. Niemand macht sich heute noch die Mühe, über sein Handeln nachzudenken. Vielleicht in Erwägung zu ziehen, den Straßenrand nach der Blüte zu mähen. Früher reichte es doch auch, wenn er einmal im Jahr gemäht wurde. Aber man fährt lieber mit den modernen Mähmaschinen durch die Gegend, als nach der Hacke zu greifen und im Dorf die Gemeindebeete zu pflegen. Das ist vielen zu mühsam, dafür fehlt dann die Zeit. Wir sind zu funktionierenden Schafen in einer Herde von Hammeln geworden. Wen stören die Blumen an den Rändern der kleinen Straßen zu den abgelegenen Höfen im Bayerischen Wald? Warum können unsere Gärten nicht bunte Oasen voller Farben sein? Wir haben anscheinend ein Problem damit, wenn etwas blüht und anschließend verwelkt. Das stört uns, muss weg und macht Arbeit. Vielleicht liegt es aber auch daran, dass die Vorreiter dieser naturnahen Gärten – sie mögen es mir verzeihen – nicht unbedingt begnadete Gartengestalter waren. Ihre Art zu gärtnern hat doch manches Mal ein eher zweifelhaftes Bild auf den Naturgarten geworfen. Doch diese Zeiten sollten, angesichts eines Piet Oudolfs und dessen herausragenden naturnahen Pflanzungen, der Vergangenheit angehören. Vielleicht hat es sich auch noch nicht bis in die letzte Ecke herumgesprochen, dass nackte Erde im Blumenbeet nicht mehr »up to date« ist. Doch genau das macht im Garten Arbeit, das permanente Offenhalten des Bodens. Denn die Erde will in unseren Breiten bedeckten Boden. Das braucht sie, um sich vor Erosion und Austrocknung zu schützen. Und das macht sie mithilfe von Mulch, den Blättern im Wald oder schnellwachsenden Pflanzen, die wir als Unkraut titulieren. Und was machen wir? Wir halten den Boden durch hacken immer wieder künstlich offen. Da ziehen zwei am entgegengesetzten Ende eines Stranges und das kann nicht funktionieren. Die naturnahen Pflanzungen des »Dutch Wave« oder des »New German Style«, wie diese modernen Stilrichtungen in der Gartengestaltung genannt werden, gehen da einen anderen Weg. Hier entstehen Pflanzungen, die wie die »High Lane« in New York Furore machen und unzählige Besucher anlocken, den Menschen und den Bienen mitten in der Stadt eine Oase schenken, die sehr gerne angenommen wird. Jedenfalls brauchen wir, wenn wir unsere Insekten retten wollen, viel mehr von diesen Oasen. Überall, nicht nur im öffentlichen Grün, sondern in unseren Gärten, vor unserer Haustüre. Man redet sich raus, gerade bei dem Problem der Bienen, indem man sagt, das sind doch Milben, die ihnen so zusetzen. Das hat doch mit den Spritzmitteln und dem Nahrungsangebot nichts zu tun. Aber fragen wir uns mal, wann wir krank werden – wenn wir geschwächt oder angeschlagen sind. Und so ist es auch mit den Bienen: Die Völker sind geschwächt – durch die Spritzmittel, durch das mangelnde Nahrungsangebot.

Betrachtet man einmal das Kittharz der Bienen, Propolis, so stellt man fest, dass es aus den unterschiedlichsten Pflanzensubstanzen zusammengesetzt ist. Hauptsächlich aus den Harzen der in diesem Gebiet vorkommenden Bäume. Kein Kittharz gleicht dem anderen. Harze sind verfestigte ätherische Öle, die wiederum sind die Inhaltsstoffe der Pflanzen, die unter anderem dafür sorgen, dass viele unserer Pflanzen bedeutende Heilpflanzen sind. Sie wirken desinfizierend, können Bakterien, Pilze und Viren abtöten, haben entkrampfende und schleimlösende Wirkung. Je nach Pflanzenart gibt es die unterschiedlichsten ätherischen Öle, die in ihrer Zusammensetzung die unterschiedlichsten Wirkungen entfalten. Für die Bienen ist Propolis daher besonders wertvoll, es dient der Hygiene in ihrem Stock. Dringt zum Beispiel dort eine Maus ein, dann können die Bienen diese zwar totstechen, aber nicht aus dem Stock entfernen. Also wird sie mithilfe von Propolis mumifiziert und unschädlich gemacht. Finden die Bienen allerdings nur noch wenige Pflanzen in ihrem Gebiet, weil die Pflanzenvielfalt abnimmt, dann fehlen auch wertvolle Inhaltsstoffe der Pflanzen für Propolis. Das Kittharz ist nicht mehr so wertvoll, wie wenn die gesamte Pflanzenpalette zur Verfügung stände.

Wir brauchen dringend wieder diese Pflanzenvielfalt, in den Gärten und in der Landschaft. Denn nur diese Vielfalt sorgt für ein gesundes Leben. Monokulturen, Einseitigkeit, egal wo – ob in der Landwirtschaft oder in der Ernährung – sorgen immer für ein instabiles System und sind besondere Angriffsflächen für Krankheiten und Schädlinge.

Die Vielfalt kehrt zurück

Kein menschliches Kulturgut, keine Münze und
kein Stück bedrucktes Papier
ist durch so viele Hände gegangen und so weit gewandert,
ist so überlebenswichtig und wird doch so wenig geachtet
wie unsere Kulturpflanzen.

Thomas Gladis

Eigentlich ist es traurig, dass wir heute überhaupt über die Vielfalt diskutieren müssen, denn sie ist ein natürlicher Zustand. Eine Vielfalt an Pflanzen, an Nahrungsmitteln sorgt dafür, dass wir gesund bleiben. Deshalb muss uns bewusst werden, dass Vielfalt andere Rahmenbedingungen benötigt als die, die wir heute in unserer Landschaft, in unseren Städten und Dörfern vorfinden. In der modernen Landwirtschaft und der heutigen Produktion von Nahrungsmitteln findet eine Vereinheitlichung statt: Große Flächen, die möglichst schlagkräftig bearbeitet werden können. Sorten, die einheitlich reifen, damit man sie maschinell ernten kann. Das ist genau das Gegenteil von Vielfalt. Deshalb werden andere Produktionsmethoden, eine andere Landwirtschaft benötigt. Wir alle sind hier wieder gefragt, denn Vielfalt kann nur von vielen Menschen auf unterschiedlichste

Arten und Weisen gestaltet werden. Und dazu kann jeder seinen eigenen kleinen Beitrag leisten, seine eigene Oase schaffen.
Viel ist verschwunden von den alten Landsorten, die früher von Gartenzaun zu Gartenzaun weitergegeben wurden. Sorten, die sich an den Landstrich angepasst hatten, die dort an das Klima und den Boden gewöhnt waren. Deshalb schmeckt die Kartoffelsorte ›Bamberger Hörnchen‹ auch nur nach der Delikatesse ›Bamberger Hörnchen‹, wenn sie auf diesen leichten Böden im Knoblauchsland, wie die Gegend um Bamberg heißt, angebaut wird. Gerade Kartoffeln sind im Geschmack sehr bodenabhängig. Pflanzt man diese Sorte in den ertragreichen Gäuboden, dort wo Stärkekartoffeln sehr gut gedeihen, dann wird man sein blaues Wunder erleben. Dann fragt man sich unweigerlich, warum um diese alte Sorte so ein Brimborium gemacht wird, denn sie schmeckt sehr fade. Das liegt aber einzig und alleine daran, dass sie für solche nährstoffreichen Böden nicht gemacht ist.
Zum Glück gibt es Menschen, denen diese alten Sorten am Herzen liegen. Sie sammeln und vermehren, lesen aus und bringen sie wieder in den Verkehr. Ihnen ist es zu verdanken, dass es im Handel wieder so klangvolle Namen gibt wie die Salatsorten ›Teufelsohren‹, ›Forellenschluss‹ oder ›Prinz Löwenherz‹. Oder Tomaten, die nicht nur wie Ochsenherzen aussehen, sondern auch so heißen. Wer weiß heute denn noch, dass in den alten Kräuterbüchern aus dem 15. und 16. Jahrhundert alleine sieben Sauerampfer-Sorten verzeichnet waren. Dass der Körnermais bereits um 1500 nach Europa kam und jahrhundertelang, auch in Bayern, fester Bestandteil in der Küche der Landbevölkerung war. In den umliegenden Ländern hat sich der Verzehr von Mais in der Ernährung gehalten, in Deutschland nicht. Dabei gab es auch hier eigene Sorten, die nach den Landstrichen benannt wurden, an deren Region sie adaptiert waren. So gab es zum Beispiel den ›Rottaler‹, den ›Pfarrkirchner‹ oder den ›Chiemgauer Mais‹.

Auch beim Grünkohl, unserem vitamin- und mineralstoffreichsten Gemüse, kennt man die Namensgebung nach den Landstrichen, in welchen sie angebaut werden. Da gibt es die ›Lippische‹, die ›Ostfriesische Palme‹, weil der Grünkohl früher viel größer wurde und die unteren Blätter auch als Viehfutter verwendet wurden.
Heute weiß man, wie wichtig der Erhalt dieser alten Sorten ist und dass es nicht reicht, sie in Genbanken zu lagern, sondern dass sie genutzt und angebaut werden müssen. Deshalb versucht man auch von staatlicher Seite erst einmal die Sichtung der alten noch vorhandenen Sorten sowie die Erhaltung zu fördern. Doch es ist vielfach nur der Tropfen auf den heißen Stein. Wir könnten da noch viel von unseren Nachbarn in Österreich lernen, die hier um Meilen voraus sind und eine ganz andere Landwirtschaftspolitik betreiben. Saatgut muss angebaut werden, um die genetischen Ressourcen zu erhalten. Saatgut ist nicht unbegrenzt haltbar, es verliert an Keimkraft, auch wenn es in Genbanken gelagert wird. Es sind die Menschen an vorderster Front, die versuchen in vielen kleinen Schritten, in vielen kleinen Betrieben wieder etwas von dieser Vielfalt zurückzuholen. Doch ihnen gegenüber stehen die Konzerne, die 95 % des Gemüsesaatgutes auf fünf Firmen aufteilen. Wer bestimmt da, was angebaut wird? Wer bestimmt da die Züchtung und legt vor allen Dingen die Züchtungsziele fest? Hier werden Sorten ausgelesen, die für den Hausgarten wenig taugen. Wer will schon Salatköpfe, die alle zur selben Zeit erntereif sind. Der Handel allerdings braucht sie, damit die Ernte kostengünstig durchgeführt werden kann. Alle Salatköpfe müssen zur gleichen Zeit vom Feld. Auch viele Krankheitsresistenzen, die auf einer Genvielfalt beruhen, gehen verloren, weil die Züchtung sich nur auf wenige Sorten begrenzt und verlässt. Das Problem sehen wir heute schon beim Apfel, da viele Menschen diesen nicht mehr vertragen. Ein hausgemachtes Problem, weil man die gesunden alten Streuobstsorten aus den Züchtungsprogrammen ausgeklammert

hat. Weil die Züchtung seit 1930 nur auf fünf Apfelsorten zurückzuführen ist, die dummerweise alle die Sorte ›Golden Delicious‹ im Erbgut enthalten. Wer hätte auch ahnen können, dass diese Sorte mit ihrem hohen Allergiepotential dafür sorgt, dass fünf Millionen Menschen keine Äpfel mehr vertragen. Wäre die alte Apfelvielfalt erhalten geblieben, dann hätte sich dieses Problem erst gar nicht so ausweiten können.
Dabei gibt es Saatgut von Natur aus in Hülle und Fülle. Wer einmal selbst Saatguternte im eigenen Garten betrieben hat, weiß das und weiß, wieviel eine einzelne Pflanze jedes Jahr produzieren kann. Teilweise sind das riesige Mengen. Und doch haben wir das Gefühl, es reicht nicht, wird uns immer suggeriert, wir müssten noch mehr produzieren. Dabei produzieren wir heute schon weltweit doppelt so viele Nahrungsmittel, wie wir essen können. Trotzdem verhungern Menschen, haben wir das Gefühl, dass es

Die Vielfalt an Saatgut geht immer mehr verloren und damit die genetischen Ressourcen, die dafür sorgen würden, dass Pflanzen gesund wachsen und keine Pflanzenschutzmittel benötigen. Pflanzen können sich selber schützen, wenn wir sie lassen!

knapp ist. Auch hier bekämpfen wir wieder nur die Symptome, richten unser Augenmerk nicht auf die Ursachen. Uns muss bewusst werden, dass der Saatgutmarkt riesig ist und dass es hier in erster Linie um den Profit geht. Viel unseres heutigen Gemüsesaatguts wird in Afrika angebaut, weil dort die Kulturbedingungen für den Saatgutanbau besser sind als bei uns. Aufgrund billiger Löhne und eines wärmeren Klimas kann das Saatgut besser ausreifen und, was für die Saatguternte besonders wichtig ist, trocken geerntet werden. Doch wie geht es diesen Sorten, die im warmen Afrika kultiviert werden, wenn sie in das kalte Europa kommen? Sie kümmern, wenn die Bedingungen einmal nicht so optimal sind. Da muss man sich nicht wundern, wenn eine empfindliche Art wie die Buschbohne in kalten Jahren im Bayerischen Wald überhaupt nicht aufgeht. Eine Buschbohnensorte, die hier angebaut und weiter vermehrt wird, hat sich über die Jahre angepasst, hält der Kälte wesentlich besser stand. Da geht es den Pflanzen genauso wie den Menschen.

Außerdem sorgen wir durch diese Art der Produktion dafür, dass die Ressourcen in diesen Ländern nicht für die einheimische Nahrungsmittelproduktion genutzt werden. Das ist der Grund warum so viele Menschen hungern, sich teure Nahrungsmittel aus den Industrieländern kaufen müssen, die sie sich nicht leisten können, anstatt sie vor Ort selber zu produzieren. Wenn wir einmal ehrlich sind, dann sind wir mit jeder Tüte Saatgut, die wir aus dieser Produktion kaufen, für den Hunger in dieser Welt mitverantwortlich. Traurig, aber wahr. Deshalb ist es so wichtig, dass wir uns wieder bewusst machen, wie wir diese Kette, diesen Kreislauf unterbinden können. Was wir selber tun können. Es gibt genügend Saatgut, genügend Nahrungsmittel aus anderen Quellen, die wir mit gutem Gewissen kaufen können. Und in der Regel haben wir dann auch die bessere Qualität, denn das Saatgut kommt aus unserem Klima und ist daran angepasst.

Angst vor der Natur

Wildnis ist also eine Denkweise.
Wildnis ist die Lust, den Garten Eden nicht zu mähen,
sondern gelassen auf das Paradies zu warten,
Wildnis ist Träumen statt Aufräumen,
ist das Gespräch mit der Natur statt über die Natur.
Hubert Weinzierl

Mitten im Sommer steht eine wunderbare Staude in voller Blüte bei mir im Garten, die Engelwurz, *Angelica andracheana*. Sie beeindruckt durch ihre imposante Gestalt, ihren aufrechten Wuchs, denn sie wird ohne weiteres mannshoch. Und ihre großen Blätter gleichen in der Größe einem Palmwedel. Obwohl die Blütendolden von grüner Farbe sind, fallen die großen Blütenbälle doch auf. Auch der lila gefärbte starke Stängel sticht ins Auge, sorgt dafür, dass keiner zur Blütezeit achtlos an dieser Pflanze vorbeigeht. Doch viele werfen auch einen erschreckenden Blick auf diese wunderschöne Pflanze und fragen entsetzt, ob es sich dabei gar um die gefürchtete Herkulesstaude handelt. Nach dem Motto, wie kann man sich so ein Ungetüm in den Garten setzen. So eine gefährliche Pflanze! Sie tun so, als ob ihnen diese Pflanze gleich ins Gesicht springen würde.

Ich finde auch die Herkulesstaude sehr schön und da wo sie Platz hat, man ihr nicht zu nahe kommt, ist sie eine wunderbare Strukturpflanze. Das einzige was man über sie wissen sollte, ist, dass man mit dieser Pflanze keinen Hautkontakt haben sollte, da es sonst eben zu den gefürchteten Verbrennungen auf der Haut kommt. Diese phytotoxischen Reaktionen gibt es bei vielen Pflanzen, unter anderem beim Johanniskraut *Hypericum perforatum* und eben bei der bei mir im Garten stehenden Engelwurz. Aber im Vergleich zur Herkulesstaude sind diese Pflanzen harmlos. Man muss es einfach nur wissen und entsprechend Vorsicht walten lassen. Es setzt sich doch auch niemand freiwillig in einen Haufen Brennnesseln. Manchmal ist es doch erstaunlich, in was für eine Hysterie der Mensch verfallen kann angesichts solch »harmloser Pflanzen«. Schaffen wir etwa alle Elektroherde ab, weil sich die kleinen Kinder reihenweise daran verbrennen? Nein, wir versuchen ihnen den Umgang damit zu vermitteln, ihnen klar zu machen, dass das

Sehr viele unserer Pflanzen enthalten Giftstoffe, müssen deshalb aber nicht verschwinden.

nicht guttut. Genauso sollte man es mit den Pflanzen machen. Sie sind nicht gefährlicher oder ungefährlicher als ein Auto, ein Flugzeug oder eine Eisenbahn. Obwohl hier die Todesraten deutlich höher liegen, als bei Schäden durch Pflanzenvergiftungen, ignorieren wir das und steigen jeden Morgen wieder frohen Mutes in unser Auto und fahren zur Arbeit. Hier gibt es keinen Feldzug zur Vernichtung oder Entfernung der giftigen Exemplare aus dem Garten. Da gibt es solch eine Hysterie nicht, obwohl sie der Statistik nach wesentlich angebrachter wäre.
Ist das vielleicht die Angst vor dem Unbekannten oder der Tatsache geschuldet, dass viele Menschen unsere heimischen Pflanzen gar nicht mehr kennen, überhaupt nicht wissen, wie sie damit umgehen sollen. Dass das Wissen oft aus dubiosen Quellen stammt: Internet, Fernsehen und Bildzeitung. Dass niemand in der freien Natur mehr weiß, was er eigentlich vor sich hat, denn Bilder in Zeitungen und Fernsehen können oft ganz anders aussehen als die eigentliche Pflanze vor Ort. Papier ist geduldig, sagt ein altes Sprichwort. Viel was heute über Pflanzen zu lesen ist, entstammt nicht immer der Feder von erfahrenen »Naturkindern«. Viele Pflanzen sind essbar, aber eben auch nicht alles. Schon Paracelsius wusste, dass es auf die Dosis ankommt. Pflanzen sind Vielstoffgemische. Sie enthalten nicht nur für unseren Körper nützliche Stoffe, sondern auch eine Vielzahl von Alkaloiden, die für uns giftig sind. Deshalb sollte man sich auskennen, wie der Pilzsammler im Wald, der auch nicht willkürlich alles was er findet in seinen Korb stopft. Auch zertrampelt und vernichtet er nicht das, was er nicht kennt, die Pilze, die für ihn nicht genießbar sind oder giftig. Er lässt sie stehen und wachsen. Sie sind weder eine Bedrohung noch gefährlich, wenn er aufmerksam und achtsam ist. Doch mit den Pflanzen fällt es den Menschen schwer. Sind die Kinder noch klein wird viel aus dem Garten entfernt, was giftig sein könnte, anstatt ihnen einen ordentlichen Umgang damit zu lehren.

»Gärtnern ist keine Frage von Renomee und Reichtum, Gärtnern ist ein Lebensstil.«

Beth Chatto

Wurzeln

Zwei Dinge sollten Kinder von ihren Eltern bekommen: Wurzeln und Flügel.
Johann Wolfgang von Goethe

Manchmal, wenn ich in meinem Garten unter dem Apfelbaum oder auf meiner Gartenbank sitze, eine kleine Pause einlege und die Sonne genieße, dann betrachte ich die Pflanzen und die Umgebung. Ich nehme wahr, was um mich herum so passiert, welche Pflanzen schon blühen und welche noch nicht. Manchmal hüpft auch eine Amsel im Beet herum oder eine Blaumeise setzt sich vor mich auf den Liegestuhl. Ihnen schaue ich zu, während ich meinen Gedanken nachhänge oder mir die Ereignisse um mich herum auch Impulse geben für meine Gedanken, diese irgendwie lenken.

Eines Tages fiel mein Blick dabei wieder einmal auf den Giersch im Spargelbeet, den ich am Morgen schon versucht hatte etwas einzudämmen und in seine Grenzen zu weisen. Aber auch vor mir im Staudenbeet zeigte er seine grünen Blätter. Manchmal scheint es, als wäre über Nacht eine Giersch-Epidemie ausgebrochen. Gestern hat man ihn noch gar nicht gesehen und heute sprießt er schon aus allen Löchern. Kein Wunder, dass er bei den

Gärtnern nicht so beliebt ist. Jeder stöhnt, der diesen Plagegeist im Garten hat. Ein cleverer Gärtner hat einmal einen Giersch mit panaschierten Blättern ausgelesen und preist diesen inzwischen als Konkurrenzpflanze an, in einer anderen Verpackung sozusagen. Für viele ist das nicht sehr überzeugend, auch mich kann damit niemand hinter dem Ofen hervorholen.
Während ich dort so in der Sonne saß, fiel mir ein, was ich in alten Kräuterbüchern gelesen hatte: Dass die Pflanzen, die man braucht, zu einem in den Garten kommen. Dass Pflanzen immer eine Bedeutung haben, dort, wo sie wachsen – für den Boden, den Garten und den dazugehörigen Menschen. Und tatsächlich, ich kenne Gärten, da gibt es keinen Giersch und wiederum andere Gärten, so wie bei mir, da wächst er an allen Ecken und Enden. Was fehlt mir oder meinem Garten, was andere haben, frage ich mich. Was für eine Bedeutung hat der Giersch im Garten? Woran denkt man zuerst, wenn man an ihn denkt? Natürlich an seine Menge von Wurzeln, die sich überall hinschieben, überall durchkommen und hinschlängeln. Die man kaum aus dem Boden bekommt. Es sei denn, man hat ein freies und lockeres Feld, da macht es richtig Spaß, die »Schnüre« aus dem Boden zu ziehen. Da freut man sich wie ein Kind, wenn man das ganze Wurzelstück in der Hand und es herausbekommen hat. Und man ist frustriert, wenn es abbricht, man es nicht ganz erwischt hat. Der Giersch sorgt dafür, dass man in die Knie geht, in der Erde herumwühlt, sich mit seinen eigenen Wurzeln beschäftigt.
Jeder Gärtner kennt das: Wenn einer Pflanze die Wurzeln fehlen, dann stirbt sie. Am besten können wir das sehen, wenn die Wühlmäuse mal wieder einer Pflanze die Wurzeln abgenagt haben – dann ist Ende! Die Pflanzen benötigen die Wurzeln, um zu leben, zu wachsen, Wasser und Nährstoffe aufzunehmen. Und nach neuesten Erkenntnissen, die man in Buchenwäldern gewonnen hat, auch um ihre Nachbarn zu versorgen. Diese zu unterstützen,

wenn es ihnen an etwas fehlt, sie nicht genügend Nährstoffe bekommen, weil sie krank sind oder der Boden, auf dem sie stehen, wenig hergibt. Die Bäume im Wald können es sich nicht leisten Artgenossen zu verlieren, da dann das feuchte und kühle Waldklima, welches sie zum Gedeihen brauchen, durch die Lücken verloren geht. Deshalb arbeiten sie zusammen und das funktioniert über die Wurzeln und das dazugehörige Pilzmyzel. Außerdem sorgen die Wurzeln dafür, dass die Pflanzen standfest sind. Und dazu müssen sie gut in der Erde verankert sein, so wie der Giersch es zeigt. Gerade durch sein großes verzweigtes Wurzelsystem kann er so gut wachsen, sich so gut ausbreiten. Gerade weil er so fest in der Erde verankert ist, benötigt er gar keinen so festen Stand, kann über der Erde leicht und luftig sein, so wunderbar blühen. Denn trotz allem ist die Blüte des Giersch sehr schön, in Kombination mit alten Rosen sogar eine Augenweide. Auch den Pfingstrosen mit ihren schweren Blüten tut die Leichtigkeit der weißen Gierschblüten sehr gut. Eine gelungene Pflanzenkombination, wie mir einmal viele Gartenbesucher bestätigten, als ich in einem Jahr dem Giersch in meinem Staudenbeet nicht Herr geworden bin. Was das denn für eine schöne Pflanze sei, fragten mich viele. Immer wieder gab es erstaunte Blicke, wenn ich sagte, dass dies der verhasste Giersch sei. Seitdem kann auch ich ihm wesentlich gelassener begegnen, muss ich nicht mehr jedem Blatt hinterherrennen. Man muss nur darauf achten, dass er nicht die Führung im Staudenbeet übernimmt. Man sollte ihn immer mal wieder etwas eindämmen, besonders nach der Blüte, denn Giersch vermehrt sich auch gut über Samen, wenn es ausreichend feucht ist. Was er nicht mag ist, wenn ihm ständig der Kopf abgeschnitten wird, im Rasen verschwindet er deshalb. Auch im Gemüsebeet reguliert er sich durch ständiges hacken, es sei denn er hat die Möglichkeit aus einem benachbarten Beet wieder zuzuwandern. Da nutzt er jede kleine erdenkliche Möglichkeit.

Auch da erinnert er mich oft an kleine Kinder, die neugierig immer wieder ihre Nase da hinstrecken, wo sie nicht hin sollen, wo es verboten ist. Aber starke Wurzeln, mit beiden Beinen auf der Erde stehen bringt Gelassenheit und Sicherheit sowie eine gewisse Leichtigkeit mit den Dingen im Leben umzugehen.
Man kann Stürmen etwas ausweichen, sich mit dem Wind tragen lassen wie der Giersch es tut. Man muss nicht gegen alles kämpfen, sich entgegenstellen oder brechen, so wie es manche anderen empfindlichen Pflanzen tun, deren Stängel dann nach einem Unwetter zerbrochen auf dem Boden liegen.
Doch was nimmt uns im Leben die Wurzeln, diese Standfestigkeit, dieses mit beiden Beinen auf dem Boden stehen? Was lässt uns

Zur Blütezeit ist der Giersch mit seinen duftig wirkenden weißen Blüten wirklich eine Augenweide, hier ist er im Vordergrund des Beetes zu sehen. Aber danach sollte man ihn in seine Grenzen verweisen – sonst wuchert er zu sehr.

manchmal so ins Schleudern kommen, als hätten wir keine Wurzeln mehr und die Bodenhaftung verloren? Wenn alles auf uns einstürmt und wir keine Ruhe mehr finden, in Arbeit ersticken. Um das zu erkennen, hilft es manchmal, wenn wir uns dem Giersch zuwenden, uns auf die Knie begeben, in der Erde wühlen und den Gedanken freien Lauf lassen. Sie vom Wind mal hierhin und mal dorthin tragen lassen. Gönnen wir uns das dann ist es oft so, dass die Antwort uns durchzuckt wie ein Blitz, plötzlich glasklar vor uns steht und zwar oft an Ecken, wo wir es nie vemutet hätten.
Was man beim Giersch auch leicht vergisst ist, dass es sich bei ihm um eine alte Heilpflanze handelt. Das spiegelt sich sogar in seinem botanischen Namen *Aegopodium podagraria* wider. Aufgrund seines hohen Mineralstoffgehaltes hat man ihn früher gegen das Zipperlein Gicht eingesetzt. Diese Krankheit wird durch zu viel Harnsäure im Körper hervorgerufen und ist auch eine Form der Übersäuerung unseres Körpers.
Deshalb bin ich froh über den Giersch in meinem Garten. Er versorgt mich im Frühjahr nicht nur mit frischem Grün für Salat und Suppen oder als Bestandteil vieler Smoothies und der berühmten Girschlimo, sondern er verhilft mir auch zu manch unverhoffter Einsicht. Doch dazu würde auch die Hälfte des Gierschs genügen!

Beifuß – das große Kraut unserer Ahnen

Unkraut ist eine Pflanze,
deren Tugenden wir noch nicht entdeckt haben.
Ralph Waldo Emerson

Viele solcher wilden Pflanzen wie den Beifuß haben wir in den letzten Jahrzehnten kaum beachtet. Im Gegenteil, wir haben ihnen mit allerlei Chemie den Garaus gemacht, ohne uns einmal die Mühe zu machen, uns etwas mehr mit diesen Pflanzen zu beschäftigen. Dann wäre uns vielleicht aufgefallen, um was für besondere Kräuter es sich da handelt. Pflanzen, die in früheren Zeiten hoch geschätzt wurden, die das Überleben sicherten, weil es in der Mehrzahl großartige Heilpflanzen waren – und auch heute noch sind. Mittlerweile besinnt man sich wieder, viel altes Wissen wird wieder ausgegraben, auch weil die Chemie in vielen Punkten an ihre Grenzen gestoßen ist und uns nicht immer wirklich weiterhelfen kann. Solch eine Pflanze, die eine Renaissance erlebt, ist der Beifuß. Wenn man den Beifuß *(Artemisia vulgaris)* erwähnt, dann denken die meisten erst einmal an die Weihnachtsgans. Dem fetten Braten wird er als verdauungsförderndes Gewürz zugegeben. In der Tat ist es der große Gehalt an Bitterstoffen und ätherischem Öl, der dafür sorgt, dass uns der Gänsebraten an Martini oder Weihnachten nicht so schwer im Magen liegt. Bitterstoffe sorgen dafür, dass der Appetit und die Sekretion der Verdauungsdrüsen angeregt werden und Fettes somit besser verdaut werden kann.

Doch das ist nur ein kleiner Teil des großen Korbblütlers, der uns überall an Wegrändern, Schuttplätzen und in Ödland begegnet. Die etwa eineinhalb Meter hoch werdende Staude ist eine mächtige Pionierpflanze. Durch ihre relativ unscheinbaren Blütenstände und auch durch ihre silbergraue Blattfarbe fällt sie kaum auf und geht im Gestrüpp des Wegrandes etwas unter. Als kleinen Bruder des Wermuts hat ihn der Apotheker Mannfried Pahlow einst bezeichnet, der uns im letzten Jahrhundert als einer der ersten die Heilpflanzen wieder näher gebracht hat und uns die großen, mächtigen Pflanzen unserer Ahnen wieder ins Gedächtnis gerufen hat. Früher schätzte man solche bitterstoffreichen Pflanzen sehr. Man degradierte sie nicht zu bloßen Gewürzmitteln, sondern fertigte aus ihnen Lebenselixiere. Denn schon im Altertum wusste man, dass das Trinken eines bitteren Getränks dem Körper zu neuer Lebenskraft verhalf, den Stoffwechsel anregte und entschlackte und so den Körper kräftigte und stärkte. Der Wermutwein von Hildegard von Bingen oder der Schwedenbitter von Maria Treben sind Beispiele für solche Getränke.

Bitterstoffe sind lebenswichtig für unseren Körper. Wir haben sie bitter nötig, denn sie sorgen für einen ausgeglichenen Säure-Basen-Haushalt. Gerade bei unserer heutigen Ernährung ist unser Körper aufgrund von zu viel Zucker, Fleisch und Weißmehl oft zu sauer. Es fehlen die grünen Bestandteile in der Nahrung, die für einen Ausgleich sorgen, sodass wir erst gar nicht krank werden. Bitterstoffe regen die Leber- und Nierentätigkeit an und sorgen so neben einer vermehrten Produktion von Verdauungssäften auch für eine

stärkere Durchblutung des Bindegewebes. Dadurch werden eingelagerte Schlackestoffe und Gifte, die dem Körper nicht guttun, ausgeschwemmt. Das Allgemeinbefinden wird gestärkt.
Deshalb ist es eigentlich erstaunlich, dass die Schulmedizin den Beifuß kaum verwendet und sich nur des großen Bruders Wermut bedient. Dabei wäre in vielen Fällen gerade die mildere Form des Beifußes angezeigt, urteilte schon der Apotheker Mannfried Pahlow. In der Geschichte der Botanik ist es keine Seltenheit, dass besonders kraftvolle Pflanzen unserer Vorfahren einfach unter den Tisch gekehrt werden, bewusst in Vergessenheit geraten.
Es war in früherer Zeit oft eine Methode der Eroberer fremder Gebiete und Kulturen, die spirituelle Kraft der Urbevölkerung zu brechen, indem man ihre Pflanzen zu »Unkraut« degradierte.
Und der Beifuß ist solch eine Pflanze, die in früherer Zeit eine große Bedeutung hatte, mehr als Kultkraut denn als Gewürz. Mugwurz, die Machtwurz, wurde er von unseren Vorfahren genannt. Denn er schützte Haus und Hof, war ein Kraut, welches sowohl zur Sommersonnenwende als auch zur Wintersonnenwende Verwendung fand. Beifuß ist eine Pflanze der Übergänge, der Verbindung zwischen den Welten. Weshalb er auch gerade jetzt in dieser großen Zeit des gesellschaftlichen Umbruches wieder vermehrt auftaucht, uns begleitend zur Seite steht. Die Pflanzen wissen sehr genau wann sie ihren Einsatz haben und finden dann Mittel und Wege, um wieder in unser Leben zu gelangen.
Beifuß begleitet also die großen wie auch die kleinen Übergänge im Leben, sei es ein Wohnungswechsel, die Kündigung des alten Jobs oder einfach eine generelle Neuorientierungen, ein Wendepunkt im Leben. *»Als Blütenessenz hilft er Menschen, sich auf unbekanntem Gebiet zu orientieren und Neuland auf geistiger und seelischer Ebene zu betreten«*, so Claudia Ritter. Aber auch die Übergänge während den Jahreszeiten werden vom Beifuß begleitet. Ab der Sommersonnenwende kommt seine Zeit, dann steht er

in voller Blüte und begleitet uns bis in den Winter hinein – sofern er nicht Opfer der oft sinnlosen Mäharbeiten am Straßenrand wird. Im Herbst war und ist Beifuß ein kraftvoller Begleiter, wenn sich das Leben ins Innere, in die Häuser zurückzieht. Man tritt von dem äußeren Garten im Sommer in den inneren Garten. Dort finden sich Antworten, Wege und Erklärungen. Im inneren Garten ist die Weisheit und das Wissen gespeichert. Der Beifuß ist eine Pflanze, der diese Wege nach innen begleitet und schützt, aber auch Steine aus dem Weg räumt. Eine Pflanze, die sehr gut reinigt, weshalb man sie auch gerne in den Raunächten für Räucherungszwecke benutzte.

In der Natur ist der Beifuß eine Pflanze, die gerne an Wegrändern wächst und die Wege begleitet. Er hat den Charakter einer Pionierpflanze, die sich in etwas Neues vorwagt. Beifuß besitzt den Mut Flächen zu besiedeln, die für andere Pflanzen nicht so optimal sind. Dadurch bereitet sie den Boden für die anderen Pflanzen vor, gibt ihnen Starthilfe und begleitet das Neue.

Die von Juni bis September erscheinenden Blüten des Beifuß sind eher unscheinbar.

Doch früher war es in erster Linie seine Funktion als Schutzkraut, welches ihm unter anderem den Namen Machtwurz einbrachte. Die Menschen erkannten aufgrund seiner Größe, die er doch auch an sehr unwirtlichen und kargen Standorten entwickelte, welche Kraft in ihm stecken musste. Sie verwendeten ihn gegen alles Unheil, Krankheit und bösen Zauber. Ebenso wurde der Beifuß bei wunden Füßen und schweren Beinen benutzt, was ihm auch seinen Namen einbrachte. Ein Öl-Auszug, äußerlich auf die strapazierten Beine und Füße aufgetragen, lindert noch heute Beschwerden von müden Wanderern und bringt ihre Kraft zurück. Heute weiß man um die antimikrobiellen Eigenschaften des Beifuß-Öls, dass seine keimtötende Wirkung gerade auch bei Räucherungen entfaltete.
Dabei ist der Beifuß jedoch keine Pflanze, die zum Schutz Mauern baut. Sie sorgt durch das Anheben von Mut und Kraft, durch die Verstärkung und Ausdehnung des inneren Lichtes eher dafür, dass das innere Feuer wieder vermehrt brennt und leuchtet – dann sind keine Mauern mehr von Nöten. Er legt somit neues Holz auf das Feuer und nährt dieses. Beifuß ist eine Pflanze, die Lebensenergie bringt, das eigene Sein stärkt und somit dafür sorgt, dass unerwünschte Dinge von einem abfallen, vom eigenen Feuer verbrannt und gereinigt werden. So dringt vieles schon gar nicht zu uns vor, hat keinen Einfluss mehr auf uns, fließt einfach an uns vorbei, ohne uns zu tangieren.
Interessant ist auch, dass den Menschen der Beifuß in der heutigen Zeit wieder vermehrt auffällt, er sich wieder in Erinnerung bringt. Er ist eine Pflanze der neuen Zeit, des Übergangs, der uns jetzt die Stufen hinauf in eine neue Welt begleitet. Beifuß gibt uns Mut und Kraft, um die anstehenden Veränderungen leichten Herzens zu meistern. Der Mugwurz führt uns somit in die eigene Meisterschaft. Er zeigt uns aber auch, dass wir nicht alleine sind, sondern beschützt und begleitet uns auf unserem Weg.

Bäume

Weißt du, dass die Bäume reden? Ja, sie reden.
Sie sprechen miteinander, und sie sprechen zu dir,
wenn du zuhörst.
Aber die weißen Menschen hören nicht zu.
Sie haben es nie der Mühe wert gefunden,
uns Indianer anzuhören,
und ich fürchte, sie werden auf die anderen Stimmen
in der Natur nicht hören.
Ich selbst habe viel von den Bäumen erfahren:
manchmal etwas über das Wetter, manchmal über Tiere,
manchmal über den großen Geist.

Tatanga Mani

Früher hatte man einen ganz anderen Bezug zu Bäumen. Es waren heilige Wesen, denen man Respekt und Achtung zollte. Man wusste einfach um ihren Wert. Den Menschen war klar, dass sie die Bäume brauchten, ihnen zu Dank verpflichtet waren. Heute macht sich keiner mehr Gedanken darüber, woher der Tisch und die Stühle im Kaufhaus kommen, woher das Brennholz für den Ofen, das es im Supermarkt abgepackt in großen Netzen gibt, kommt oder wer es gespalten und gehackt hat. Und das obwohl Bäume allgegenwärtig sind in unserem Leben. Wir nutzen sie auf vielfältige Weise: zum Bauen und Wohnen, zum Heizen, als Schattenspender im Garten sowie als Medizin und Kraftquelle. Jeder kennt die wohltuenden Spaziergänge im Wald, das Zur-Ruhe-kommen und Wiederauftanken. Doch wie so häufig im Leben verliert das, was allgegenwärtig und immer da ist, an Wert. Man weiß es nicht mehr zu schätzen, weil es so selbstverständlich ist.

In früherer Zeit war das anders, da war den Menschen die Kraft, die Bedeutung des Waldes und der einzelnen Bäume durchaus bewusst. Man sah in ihnen lebendige Wesen, schätzte ihre Weisheit und war viel mehr mit ihnen verbunden als heute. Man verehrte sie regelrecht, fragte sie um Rat und nutzte ihre Kräfte und Inhaltsstoffe zu Heilzwecken und für Rituale. Man benötigte keine Kirchen, man besaß heilige Haine. Und wer schon einmal in einem Buchenwald mit seinen mächtigen und hohen Stämmen war, der weiß, woher die Gotik ihre Inspiration für diese Baukunst bekommen hat. Häufig hatte man jedoch Baumkreise mit den unterschiedlichsten Baumarten, die alle eine besondere Kraft und Bedeutung hatten. Zusätzlich befanden sich diese Heiligtümer auf besonderen Bergkuppen, an Kraftplätzen, die mit dem Erdgitternetz, den magnetischen Linien (Ley Lines), in Verbindung standen. An manchen Orten und Plätzen, an denen heute noch einige dieser Baumriesen – oder zumindest Nachfahren der ursprünglichen Bäume – vorhanden sind, kann man etwas von dieser großen und ursprünglichen Kraft spüren.

Unsere Vorfahren, die Germanen und Kelten, bezogen ihre Kraft aus dem Wald. Bäume wie Haselnuss, Buche und Ahorn dienten nicht nur als Nahrung und Viehfutter, sie stellten auch die spirituelle Kraft der Menschen dar. Das Wort Druide leitet sich zum Beispiel aus dem germanischen Wort für Eiche ab. Den Römern war dies durchaus bekannt. Sie zwangen ein Volk nicht nur militärisch

in die Knie, sondern raubten ihren Untertanen auch bewusst die spirituelle Kraft, indem sie die Wälder und Bäume, ihre Heiligtümer, abschlagen ließen. Man benötigte nicht nur das Holz für Bauzwecke, sondern wollte auch ganz gezielt die Kraft der Urbevölkerung brechen. Das Christentum setzte diese Strategie dann später fort, indem auf solchen heiligen Plätzen die Kirchen errichtet wurden. Doch 95 % der Erdbewohner sind Pflanzen. Wer könnte diese Kraft jemals brechen?
Bäume, die einzelnen Baumarten, aber auch einzelne Baumriesen, hatten verschiedene Aufgaben, verschiedene Bedeutungen und Wirkungen. So gab es markante Bäume in der Landschaft, die an dem Platz, an dem sie standen eine ganz besondere Rolle spielten. Sie bündelten Energien, leiteten sie weiter, verbanden Himmel und Erde miteinander und trugen die kosmischen Energien in die Erde – so war die Vorstellung.
Würden wir heute in Mitteleuropa die Natur einfach Natur sein lassen, dann wäre in kürzester Zeit fast alles wieder mit Wald bedeckt. Die Bäume würden sich verlorenes Territorium, welches durch Rodung und die Nutzung des Menschen entstanden ist, zurückerobern. Selbst unsere heiß geliebten Streuobstwiesen – eine Form der Baumsavanne, wie sie in den Subtropen auf natürliche Weise vorkommt – ist in Mitteleuropa von Menschenhand gemacht. Dieser für unser Gebiet einzigartige Vegetationstyp, der sich besonders durch seine Artenvielfalt auszeichnet, war früher weit verbreitet, und zwar in Form der durch Beweidung entstandenen Hude- oder Hardtwälder. In den Subtropen sorgen die mangelnden Niederschläge für diese freistehenden Baumsteppen. Sie sind der begrenzende Faktor für den Baumbewuchs, denn unter 600 mm Jahresniederschlag findet man keine geschlossenen Wälder mehr, und unter 300 mm Jahresniederschlag kommt der Baumbewuchs dann ganz an seine Grenze. Ein Phänomen was wir in Mitteleuropa kaum kennen. Nur in den Hochlagen der Gebirge,

der Frost setzt den Bäumen hier eine Grenze. Häufig entscheidet jedoch die Qualität des Bodens über den Bewuchs an Bäumen, welche Arten dort vorkommen. Selbst zwischen den Felsen können sich Birken behaupten, kommen dort mit sehr wenig zurecht. Nur da, wo lediglich Steine zu Hause sind, zum Beispiel dem Blockmeer auf dem Lusen im Bayerischen Wald, da haben selbst Birken keine Chance mehr. Im Sumpf wachsen Erlen, Weiden und Pappeln, an trockenen Standorten Kiefern und Wacholder.
In alter Zeit zog man zum Beispiel den Hut vor dem Holunder, um ihm, der so große Kräfte und Heilstoffe enthält und zudem noch Sitz der Ahnen war, Respekt zu zollen. Man fragte die Bäume im Wald, welche man von ihnen zu Bauzwecken fällen durfte oder zum Heizen, denn es gab durchaus Bäume, die sich für diesen Zweck zur Verfügung stellten. Doch es gab auch viele, die eine andere Aufgabe hatten. Aber wir haben verlernt den Bäumen zuzuhören. Wir sollten wieder offener sein, um ihre Aufgaben und Heilwirkungen zu entdecken. Zu erkunden, was die Bäume und die

Der Weißdorn ist eine alte Heckenpflanze. Früher dient er dazu, Gärten und Gehöfte zu umfrieden. Ab Ende April oder Anfang Mai zeigt er seine weißen Blüten.

Pflanzen uns eigentlich sagen wollen. Wir müssten uns nur mal wieder die Zeit, die Muße nehmen und zuhören. Das muss oft kein großer Aufwand sein. Dazu reichen ein paar Minuten auf der Gartenbank unter dem Apfelbaum oder ein kleiner Gang durch den Wald oder an den Fluss, wo die großen Pappeln stehen. Besondere Bäume gibt es überall, man muss nur die Augen aufmachen. Wie so oft liegt das Gute sehr nah. Und wir werden merken wie entspannend solche Minuten sind, wieviel Weisheit und Mut sie uns schenken den Alltag wieder in Angriff zu nehmen.
So zeigt die Kiefer uns vielleicht, dass wir uns nicht abbringen lassen sollen von unseren Träumen und Visionen, selbst wenn uns noch so viele Steine in den Weg gelegt werden. Denn die Kiefer *(Pinus sylvestris)* ist ein »Steh-auf-Männchen« unter den Bäumen. Ein Baum der sich nicht unterkriegen lässt. Der an trockenen, unwirtlichen Standorten, dort wo andere Bäume es schon längst aufgegeben haben, seinen Weg ins Licht sucht, mit oft sehr imposanten Baumgestalten. Man erkennt es an der Latsche im Hochgebirge, eine Art, die im Winter vom Schnee platt auf den Boden gedrückt wird und doch im Frühling und Sommer wieder aufsteht – so als wäre nichts gewesen.
Der Weißdorn *(Crataegus monogyna)* heilt die Herzen der Menschen. Es ist der Strauch, der auch für die heilige Hochzeit steht, die Verbindung, das Gleichgewicht zwischen männlichen und weiblichen Energien. Und mit seinen Dornen schützt er dieses Gleichgewicht, grenzt es nach außen ab, hält es in der Verankerung. Gartenzäune und Einfriedungen wurden früher oft aus diesem Strauch gepflanzt, da er Schnitt sehr gut verträgt.
Die Linde *(Tilia cordata)* war früher ein äußerst geschätzter Baum, schon in ihrem Namen steckt das Wort Linderung. Und so steht die Linde für die Heilung. Jeder kennt Lindenblütentee als fiebersenkendes Mittel bei Erkältungskrankheiten. Die Linde verbindet uns aber auch mit unseren eigenen Urkräften und steht somit

auch für das Glück und die Liebe. Linden waren früher in allen Dörfern vorhanden. Unter ihrem Blätterdach fanden zum Beispiel Versammlungen und Feste statt.
Auch die Kirsche *(Prunus avium)* hatte schon immer eine besondere Bedeutung. Sie ist der Baum des Seins. Bei ihr werden Probleme völlig unbedeutend. »So oder so« spielt für sie keine Rolle. Wir kommen ins Genießen, kommen zur Ruhe, einfach ins Sein. Und das hat jeder schon mal erlebt, wenn er unter einem Baum voll dicker schwarzroter Kirschen steht und diese genießen kann.
Die Erle *(Alnus glutinosa)* wächst da wo es feucht ist, an kleinen Bächen und in Sümpfen. Und doch liebt sie auch das Licht, steht gerne einzeln oder in kleinen Gruppen. Erlen bringen vieles in uns wieder zum Fließen, manchmal auch die Tränen. Dadurch geben sie uns auch die Freiheit zurück, denn sie haben selber gerne genügend Raum um sich herum.
Die Haselnuss *(Coryllus avellana)* hat nach den Eiszeiten weite Flächen besiedelt und war lange Zeit aus der Nahrung unserer Vorfahren nicht wegzudenken. Sie ist eigentlich kein Baum, sondern ein Strauch, der immer wieder aus seinem Herzen, von unten her neue Äste und Zweige treibt. Diese sind sehr biegsam und leicht, sodass wir sie als Kinder gerne für Pfeil und Bogen benutzt haben. Die Haselnuss ist eine zähe und robuste Pflanze, die auch immer wieder aufsteht, wenn ihre Zweige abgesägt werden – wie ein Kind, das Laufen lernt. Sie treibt aus ihrem Wurzelstock immer wieder neue Triebe, so als gäbe es nichts Leichteres auf dieser Welt. Sie steht gerne vorne, am Waldrand, dort, wo Licht ist und wo sie Platz hat. Auch das erinnert an kleine Kinder, die immer vor den Erwachsenen stehen, damit sie sehen können, was auf der Bühne des Lebens passiert. Die Haselnuss ist das Kind des Waldes, verspielt und neugierig, von einer Sorglosigkeit, die oft nur kleinen Kindern eigen ist. Und sie erfüllt Wünsche, wie uns das Märchen von Aschenputtel zeigt.

Unsere Vorfahren die Kelten haben die Birke *(Betula verrucosa)* ihrer Lichtgöttin Brigid gewidmet, die die wiederkehrende Sonne symbolisierte, die uns im Frühling das Licht wiederbringt und das Eis schmelzen lässt. Somit steht die Birke für das wiedererwachende Leben, den Neuanfang – im Frühling sowie im Leben. Sie ist die Amme, die das neue Leben begleitet. Sie ist der erste Baum, der im Frühjahr sein zartes Grün zeigt. Ein Baum der Leichtigkeit und Heiterkeit ausstrahlt, eben die Freude des Frühlings, und diese auch vermittelt.
Die Ulme *(Ulmus glabra)* ist ebenfalls ein Baum der Leichtigkeit. Ein Baum, der verbindet, die Welt der Menschen mit der Welt der Naturgeister, der Ahnen, der Unterwelt, wie man es früher auch etwas düster formuliert hat. Doch die Unterwelt, die Welt unter der Erde, ist nur das, was wir nicht sehen können. Wir können auch die Wurzeln der Pflanzen in der Erde nicht sehen und da braucht man manchmal jemanden, der da vermittelt, uns die Augen öffnet. So wie ein Dolmetscher zwischen zwei Sprachen vermittelt. Dann kann man sich wieder verstehen, ist eine Kommunikation möglich. Und Kommunikation, echte Kommunikation, wird immer dann notwendig, wenn zwei Welten, zwei Gegensätze aufeinanderprallen. Dann bedarf es der Worte, bedarf es eines Vermittlers, der alles wieder verbindet, erklärt, damit der eine die für ihn ungewohnte Sichtweise des andern verstehen, akzeptieren und annehmen kann. So ist die Ulme auch ein Vermittler, ein Baum der Akzeptanz und des Friedens. Wenn ich etwas sehe, etwas annehme, dann kann ich auch einen neuen Weg finden, eine andere Möglichkeit mit etwas umzugehen. So gehört auch die Leichtigkeit, der Spaß, das Gewitzte zur Kraft der Ulme, welche sie an uns weitergibt.
Am Ende des Sommers, sehr früh im Herbst da erstrahlt der Bergahorn *(Acer pseudoplatanus)*, manchmal nur für einige Tage. Dann leuchten seine gefärbten Blätter golden über das Land. So

zeigt uns der Bergahorn das Licht am Ende des Tunnels. Er führt uns aus der Depression, der Dunkelheit ins Licht. Dieser Baum zeigt uns, wie schön das Leben sein kann und dass wir uns keine Sorgen zu machen brauchen.
Der Eiche *(Quercus robur)* wird sehr gerne die Kraft und die Standfestigkeit zugeordnet, männliche Qualitäten. Doch die Eiche zeigt auch die andere Seite, die mütterlichen Qualitäten, vermittelt Schutz und Geborgenheit. Sie lässt uns zur Ruhe kommen und stärkt die Verbindung zur Erde. Sorgt dafür, dass wir unseren Perfektionismus etwas zur Seite legen können.
Die Rotbuche *(Fagus sylvatica)* steht für das Wissen, besonders das alte Wissen unserer Vorfahren und Ahnen. Die Runen der Germanen waren aus Buchenholz, die ersten Bücher waren Buchenrinden. Das Wort Buch lässt sich demnach auch eindeutig

Früher war es üblich die mächtigen Eichen als Grenzbäume zu pflanzen.

von Buche ableiten. Buchen und Bücher gehören, zumindest bei uns in Mitteleuropa, zusammen und in den Büchern ist das Wissen, die Weisheit von Generationen festgehalten. Wir brauchen sie zum Lernen, zum Entspannen, zum Träumen. Nirgendwo gibt es eine solche Fülle wie in Büchern und im Buchenwald. So bringt uns die Buche nicht nur das Wissen, sondern auch die Fülle – und das zu einer Zeit, im Frühjahr und im Herbst, in der die Fülle des Sommers noch nicht da oder schon wieder verschwunden ist. Es ist nicht nur die Fülle im Materiellen, die jungen Blätter, die man essen kann und die Samen, die zu einem wertvollen Öl gepresst werden können – auch unser Geist, unser Gemüt wird von der Buche angesprochen. Nichts raschelt so schön, als bei strahlendem Sonnenschein durch den farbenfrohen herbstlichen Buchenwald zu wandern. Das macht glücklich und froh!

Der Wildapfelbaum *(Malus sieversii)* ist ein heiliger Baum, der Baum der Erkenntnis. Und dieser Baum schenkt uns das Wissen um unsere Herkunft, das Wissen um unseren göttlichen Funken und das Wissen, dass wir alle Kinder Gottes sind. Er ist der Baum der Liebe und der Weisheit, weshalb er in allen alten Kulturen so verehrt wurde. Er hilft uns unseren eigenen Weg zu gehen, er führt uns zur Erkenntnis, welches unser Weg ist, unsere eigene Wahrheit. Zudem ist der Apfel eine Frucht, die heilt wie keine andere. Auch er hilft uns wiederzufinden, zu uns selbst zu finden und bei uns selbst zu bleiben. Er führt uns in die Liebe zu uns selbst, in die Selbstannahme.

Und wenn wir das können – uns selbst annehmen mit all unseren Fehlern – dann können wir auch die anderen so sein lassen, wie sie sind, dann können wir auch sie annehmen. Dann dürfen sie wachsen, so wie sie wollen. Dann kann jeder sein Potential, seine Gaben leben. Dann gibt es Frieden, in uns selbst und im Außen – mit anderen Menschen, mit den Tieren, der Natur und Mutter Erde. Dann haben wir das Paradies!

Heute ist alles anders!

Gartenarbeit,
das Lesen von Gartenbüchern
und das Schreiben über die Gartenarbeit
gehören zusammen,
niemand kann alleine gärtnern.
Elisabeth Lawrence

Manchmal gibt es Tage, da geht es einem nicht so gut, man fühlt sich nicht wohl in seiner Haut. Da geht die Arbeit nicht so leicht von der Hand wie sonst. Der Rücken zwickt, die Schulter schmerzt, sei es weil man gestern noch mal eben die große Obstwiese gemäht hat oder endlich den Kompost im Gemüsegarten verteilt hat. Doch verflogen ist die Euphorie von gestern, die Begeisterung über die gelungene Arbeit. Das Hochgefühl, welches man hatte ist verschwunden, beiseitegelegt wie alte Akten, schon längst vergessen. Heute streift man eher etwas missmutig durch den Garten. Entdeckt, dass die Funkien unter den Bäumen nicht richtig wachsen und stellt beim genaueren Hinsehen fest, dass mal wieder die Wühlmäuse am Werk waren. Diese Tatsache hebt nicht gerade die allgemeine Stimmung. Im Gegenteil, man entdeckt noch mehr was nicht wächst oder sogar verschwunden ist. Hat man nur noch einen Rittersporn im Garten? Wo sind die anderen hin? Hatte man nicht mal ein ganzes Dutzend mit klangvollen Namen: ›Gewittersturm‹, ›Fanfare‹, ›Gletscherwasser‹, ›Finsteraarhorn‹, prachtvolle Karl-Foerster-Sorten! Was ist aus ihnen geworden? Haben die Schnecken denn alles still und heimlich vertilgt?

Und ehe man sich versieht, versinkt man noch mehr im Grübeln, sieht man nur noch, was nicht passt und nicht in Ordnung ist. Man schleicht durch den Garten, macht Bestandsaufnahme, kritisiert und beanstandet und die Liste wird immer länger …

In dem Dilemma ist einem gar nicht bewusst, wie man sich Stück um Stück immer mehr in den Sumpf zieht, immer unzufriedener wird. Es ist wie ein Sog, der einen immer tiefer zieht.

Das sind Momente, in denen man eigentlich innehalten müsste und einfach sagen: »Stopp, halt mal die Luft an! Schau dich um in deinem Garten, sieh mal wirklich hin«. Das ist leichter gesagt als getan, denn wie oft fällt einem der eigene Trübsinn noch nicht einmal auf. Unvoreingenommen und neutral in den Garten gehen, wie ein Besucher, der ihn zum ersten Mal sieht, das würde in solchen Momenten Wunder bewirken und den Schalter einfach umlegen. Dann sähe man die prächtig blühenden Pfingstrosen, auch wenn es sich nur um eine ganz gewöhnliche Sorte handelt, nichts extravagantes. Aber vielleicht macht das gerade ihren Reiz aus, das Normale, das sich wie ein herrliches rosa Band durch den Garten zieht. Dazu die dunkelblauen Bartiris, die einen wundervollen Kontrast geben. Und selbst der Giersch, der gerade anfängt zu blühen, verleiht dem ganzen seinen besonderen Charme. Auch wenn der Giersch oft lästig wird muss man doch schmunzelnd zugeben, dass das eine sehr gelungene Pflanzenkombination ist. Doch in der Regel sieht man nur, dass man es nicht geschafft hat ihn zu entfernen. Man macht sich Gedanken über ungelegte Eier, was er noch alles zuwuchern wird. So ist der Mensch: Beschäftigt sich mit Dingen, die sein könnten und überlegt was alles passieren kann, anstatt das zu genießen, was da ist. Sich an den Pflanzen zu erfreuen, die gerade jetzt ganz besonders gut wachsen oder die in diesem Jahr eine besonders tolle Blüte hinlegen. Und im Grunde weiß das jeder Gärtner: Es ist nicht jedes Jahr alles gleich. Doch was macht man? Man trauert dem hinterher, was nicht passt, was gerade nicht stimmig ist. Und das Verblüffendste an dieser Sache ist, dass dieses »nicht in Ordnung« nur einen verschwindend kleinen Teil im Garten ausmacht. Wie gesagt, einem Fremden würde es noch nicht einmal auffallen. Nur man selber hängt sich an solchen Sachen auf, verdirbt sich dadurch den Tag statt einfach nur einmal mit einem anderem Fokus durch den Garten zu gehen – sozusagen mit einem Fotoapparat, einer anderen Linse. Denn dann sehe ich plötzlich nur das Schöne, das andere fällt mir gar nicht mehr auf. So entstehen übrigens auch die schönen Fotos in den Gartenzeitschriften, die uns suggerieren: So sieht der ganze Garten aus! Dabei sieht der Garten genauso aus wie unserer, hat genauso wilde Ecken, der Besitzer jammert genauso wie man selber – nur hat das niemand fotografiert oder aufgeschrieben. Deshalb wäre es in solchen Situationen sicher das Beste, man schnappt sich ein gutes Buch, schwingt sich in seinen Liegestuhl und taucht ein in fremde Welten. Getan hat man ja gestern schon genug und sich eine Pause redlich verdient. Und wenn man dann ab und zu den Blick hebt und in den Garten schweifen lässt, sieht man die wunderschöne dunkelrote Mohnblüte in der Sonne leuchten. Wann ist die denn aufgegangen? Wie oft hat man eine Pflanze mit nach Hause gebracht, deren Blüte sich doch nur wieder als orange herausgestellt hat. Und jetzt wächst hier tatsächlich ein dunkelroter Mohn. Genau daneben stehen rosafarbene Akeleien und dunkelblaue Iris. Was für ein schönes Bild! Ehrfurchtsvoll schaut man sich um, bemerkt die bezaubernde Lichtstimmung im Garten. Was hat man doch für einen schönen Platz!

Innehalten!

Wir alle eilen hinter Zielen her und wissen nicht,
wie sehr auch der Weg zum Ziel gehört.
Karl Foerster

Gelegentlich gibt es Tage im Garten, auch Zeiten im Leben, da hastet man hin und her und weiß nicht, wo man zuerst anfangen soll. An allen Ecken und Enden sieht man, was es da zu tun gibt: Da steht etwas an! Hier drängt es! Da muss man unbedingt noch hin! Vieles andere hat man auch noch nicht erledigt: Die Topfpflanzen schreien schon förmlich nach Wasser, der Salat steht noch immer in der Pflanzkiste anstatt im Beet, und der frisch austreibende Sonnenhut verschwindet schon völlig unter dem Giersch. Endlos könnte man diese Litanei fortsetzen und sich vier oder fünf fleißige Hände zulegen. Es wäre aber immer noch nicht genug.

In solchen Momenten hat man irgendwann völlig den Überblick verloren, verfängt sich im eigenen Spinnennetz, weil man nicht weiß, wo man zuerst anfangen soll. Alles wird schnell, mal hier und da erledigt. Der Spaß, die Freude am Tun verschwindet.

Das was normalerweise nährt und Kraft gibt, laugt einen aus, zehrt und kostet Kraft. Doch die Ruhe, die Gelassenheit und die

Aufmerksamkeit, um sein eigenes Handeln zu hinterfragen, innezuhalten und einfach mal zu sehen, was ich da überhaupt mache, fehlt in solchen Momenten. Der kritische Blick, ob manche dieser Arbeiten jetzt im Moment wirklich sinnvoll sind oder sich vielleicht auch viel einfacher erledigen lassen würden, fehlt in solchen Situationen. Man ist sprichwörtlich betriebsblind!
Das was man dann dringend nötig hätte – einen Moment Ruhe, einfach mal abschalten, Kraft tanken – gönnt man sich in den wenigsten Fällen. Dazu fehlt einfach die Zeit. Selbst wenn man es versucht, treibt einen der Druck, die Unruhe sofort wieder weiter. Ein Phänomen, von dem viele ein Lied singen können. Erst erledigt man noch das, und dann … Aber dieses »und dann« kommt in den seltensten Fällen. Manchmal bietet uns das Leben Möglichkeiten innezuhalten, manchmal zwingt es uns geradezu dazu.
Oft sind diese Momente nicht sehr erfreulich, haben mit Krankheit oder Verlust zu tun. Doch es sind die Momente, in denen

Nicht alle Pflanzen, die man ausgesät hat müssen auch gepflanzt werden.

man wachgerüttelt wird. Momente, in denen man sich hinterfragen kann. Momente, in denen man Mut braucht, um festzustellen, ob das was man tut eigentlich das ist, was man tun möchte. Was einem Spaß macht, wovon man schon immer geträumt hat. Und vor allen Dingen Fragen aufwirft: Warum tut man Dinge, die einem keinen Spaß machen? Ist der Garten wirklich so, wie man ihn sich selber erträumt? Oder macht man ihn nur so, weil man es so von den Eltern gelernt hat, die Nachbarn es genauso machen? Man denkt gar nicht, wie sehr sich die Gärten in den kleinen Ortschaften gleichen. Deckt jemand seine Beete mit Rindenmulch ab, findet man viele solcher Beispiele im gleichen Ort. Im Nachbarort sieht es ganz anders aus. Da steht man auf Steine, also dominieren hier die verschiedensten Steinabdeckungen. Es ist interessant, das einfach nur zu beobachten.
Manchmal reicht es einfach nur, die Botschaften frühzeitig zu verstehen und nicht zu ignorieren. Schon beizeiten einmal innezuhalten, einen Kaffee zu trinken und in Ruhe zu überlegen wie man die Sache angehen, was man ändern könnte. Denn es geht oft nur darum, die Dinge aus dem Kopf zu bekommen, wieder Klarheit zu gewinnen, damit man wieder Kraft hat, alles in Angriff zu nehmen. Manchmal reichen ein Zettel, ein paar Notizen schon aus. Und vielleicht entdeckt man dabei die Notizen vom letzten Jahr. Schon damals hat man geschrieben: Ruhe bewahren, der Giersch wächst nicht über Nacht und verschwindet schon, wenn man daraus »Spinat« zum Mittagessen macht. Oder die Anmerkung, nicht soviel Mangold zu pikieren und einzupflanzen, auch wenn er noch so schön aussieht und einem die Pflanzen leidtun. Das rächt sich, denn man kann ihn sowieso nicht ganz aufessen und den Kindern schmeckt er überhaupt nicht. Solche Erinnerungen helfen, dass man sich besinnt, einige Arbeiten von der Liste streichen kann, weil sie einfach nicht sinnvoll sind. Und schon geht es leichter, macht vieles wieder mehr Spaß, kommt die Kraft zurück!

Die Kirschen in Nachbars Garten

»Die Menschen bei dir zu Hause«, sagte der kleine Prinz, »züchten fünftausend Rosen in ein und demselben Garten, und doch finden sie dort nicht, was sie suchen.«
»Und dabei kann man das, was sie suchen in einer einzigen Rose oder in einem bisschen Wasser finden ...«
»Aber die Augen sind blind. Man muss mit dem Herzen suchen ...«

aus Der kleine Prinz

Wenn wir unser Leben einmal aus einer anderen Perspektive betrachten, vielleicht aus den Augen der Menschen in deren Ländern Krieg und Armut herrschen, dann fehlt es uns an nichts. Dann leben wir im Paradies. Wir haben genügend zu essen, in der Regel ein Dach über dem Kopf und wir haben es warm, auch wenn es im Winter stürmt und schneit. Wir könnten uns eigentlich glücklich schätzen, uns rundherum wohlfühlen. Doch das tun die wenigsten von uns. Sieht man sich um, dann hört man die Menschen jammern und stöhnen, was alles nicht passt, was alles nicht in Ordnung ist. Man möchte dies und

das, nur in der Regel nicht das, was man hat. Warum sind wir so wenig zufrieden mit dem, was wir haben? Warum schätzen wir was da ist so wenig? Warum wollen wir immer etwas anderes? Warum wollen wir immer mehr und sind doch nie zufrieden?
Es ist wie eine Sucht, die einen antreibt, vorwärts spurten lässt, um nach etwas zu greifen, was man längst in den Händen hält. Schon oft ist mir beim Kirschenpflücken aufgefallen, dass man immer denkt: Die Kirschen, die oben hängen sind viel röter, viel schöner als die weiter unten. Klar, sie haben mehr Sonne, können besser ausreifen. Doch sehr oft trügt der Schein. Hält man sie in Händen, meist nach einer akrobatischen Turnübung auf der Leiter, und betrachtet sie, dann sehen sie eigentlich genauso aus wie die anderen, die man schon gepflückt hat. Man sieht keinen Unterschied. Ein altes Sprichwort sagt genau dies: Dass immer das, was man nicht hat – wie die Kirschen in Nachbars Garten, obwohl der eigene Baum vor Kirschen überquillt – viel verführerischer anmutet, viel besser erscheint als das Eigene.
Und da stellt sich dann doch die Frage: Warum ist das so, warum lassen wir uns so verleiten, lassen uns so in die Irre führen? Was treibt uns an, was verführt uns, dass wir uns so täuschen lassen? Warum lenken wir unser Augenmerk immer auf die Dinge, die wir nicht haben, die nicht passen? Warum vergessen wir die nicht einfach mal und konzentrieren uns auf das, was wir haben, was in unserem Leben so richtig gut läuft? Warum genießen wir nicht genau das, die Kirsche in unserer Hand, die wir uns jetzt gleich in den Mund stecken und köstlich auf der Zunge zergehen lassen können? Stattdessen heben wir schon den Blick auf die, die wir noch nicht in der Hand halten.
So ist es mit vielen Dingen im Leben. Es gibt so viel an dem wir uns erfreuen können, wofür wir dankbar sein können. Oft sind es die kleinen Dinge, die ständig um uns herum sind, die gar nicht so groß ins Gewicht fallen, die aber gerade die Freude und die Würze

des täglichen Lebens ausmachen. Wir müssen nur die Augen aufmachen und hinsehen: Das Lächeln der Frau an der Kasse im Supermarkt, das Auto, das anhält, damit wir die Straße überqueren können und die Nachbarin, die uns ein paar Salatpflanzen vorbeibringt. Diese kleinen Dinge im Leben, die unerwarteten Momente, die uns oft am meisten Freude und Glück bescheren – wenn wir es zulassen. Der Schmetterling, der unerwartet auf unserer Hand landet. Der kleine Junge auf dem Gehweg, der noch schnell vor uns mit seinem Fahrrad durch die Pfütze fahren muss, weil es einfach so schön ist durch Pfützen zu fahren. Das Leben ist voll von solchen Momenten, die wir so oft als selbstverständlich ansehen, als nichts besonderes. Oft gar nicht mal so richtig bemerken, weil wir mit unseren eigenen Gedanken beschäftigt sind, abgetaucht in eine andere Welt. Doch wenn wir uns einmal die Mühe machen, sie wahrzunehmen, sie mit anderen Augen betrachten, ihnen mehr Bedeutung und Achtung entgegenbringen, dann werden sie zu besonderen Momenten. Zu Momenten, die uns aufheitern, uns zeigen, wie schön das Leben doch eigentlich ist, gerade in so einem Land wie unserem.
Und wenn wir uns mit den schönen Dingen in unserem Leben beschäftigen, mit dem was da ist, dann haben wir auch keine Zeit mehr unser Augenmerk auf das zu richten was nicht da ist, nicht passt. Es verschwindet dann wie durch Zauberhand, hat keine Bedeutung mehr. Und wenn wir mal ehrlich sind, dann sind doch die Dinge, die in Ordnung sind, deutlich in der Überzahl. Spannend ist, dass wir uns oft von den paar Prozent die in unserem Leben nicht passen den Tag und die Laune verderben lassen und unser Leben genau darauf ausrichten.

Freude ist Kraft!

Wahrer Reichtum besteht nicht im Besitz,
sondern im Genießen.
Chinesisches Sprichwort

Wer kennt sie nicht, die Freude im Frühjahr, wenn man endlich wieder in den Garten kann, in der Erde buddeln, pflanzen und säen. Sogar eingefleischte Gartenmuffel treibt es dann nach draußen. So lange hat man darauf gewartet bis das Wetter endlich passt, der Boden abgetrocknet ist. Wie viele Pläne hat man schon gemacht, wieder verworfen und neu durchdacht, weil es noch zu früh war und man noch nicht starten konnte. Doch dann ist es soweit, man kann endlich loslegen. Es ist eine besondere Kraft, die einen um diese Jahreszeit antreibt. Sie ist mit nichts zu vergleichen und zu keiner anderen Jahreszeit in dem Ausmaß zu finden wie im Frühling. Vielleicht liegt es an der Freude einen ganzen langen Sommer im Garten vor sich zu haben. Ungeahnte Möglichkeiten, Tage voller Sonne, Spaß und Ernteglück, aber auch Arbeit. Doch diese stört einen zu diesem Zeitpunkt überhaupt nicht. Im Gegenteil, man freut sich regelrecht darauf wieder etwas anzupacken. Man ist voller Tatendrang und möchte am liebsten an allen Ecken gleichzeitig anfangen.

Und es ist auch eine gute Zeit für Ideen, Träume und Pläne. Der Garten strahlt selber schon in Erwartung und Vorfreude auf das Neue. Die Primeln leuchten an allen Ecken in den unterschiedlichsten Farben. Schlüsselblumen, Krokusse und die frühen Narzissen tun es ihnen gleich. Was hat es auf sich mit dieser Freude, die einem eine solche Kraft und Motivation schenkt.
Das ganze Jahr über gibt es diese Momente der Freude, diesen Antrieb, nur nicht so ausgeprägt wie im Frühling. Immer dann, wenn wir die Zeit und die Muße haben etwas zu tun, was wir gerne tun, woran wir Spaß haben. Wenn wir etwas tun, weil wir daran Freude haben und nicht weil wir es tun müssen. Dann sind wir in der Regel ganz bei der Sache und können alles andere ausblenden. Dann stören uns nicht die Sorgen der Welt oder das Geschrei der Kinder in Nachbars Garten. Wir hören es gar nicht, weil wir ganz bei uns sind, bei dem was wir machen. Wir sind versunken in die Gestaltung des neuen Beetes. Die neuen Pflanzen stehen bereit, die

Die vorwitzigen kleinen Stiefmütterchen oder Hornveilchen symbolisieren für mich die unbekümmerte und ungestüme Freude von kleinen Kindern. Auch aufgrund ihrer leuchtenden Farben gehören sie für mich zum Frühling unbedingt dazu.

alten werden ausgegraben und beiseitegelegt. Man gräbt, sucht die langen Wurzeln der Quecke und des Gierschs aus der Erde, holt Kompost und gräbt ihn unter, damit die Pflanzen einen guten Start haben. Man ist versunken in das, was man tut. Kein Gedanke schweift irgendwo hin, man plant nicht was man später noch tun will. Es existieren in diesem Moment nur man selbst, der Garten und das Beet. Es erinnert viel an das Spiel eines kleinen Kindes, das völlig versunken ist, hier etwas testet und da etwas ausprobiert. So werden auch die Pflanzen hin und her geschoben, man probiert aus, wie es am besten wirkt. Auch wenn die Pflanzen noch klein sind und erst ihre volle Pracht entfalten müssen – man sieht es doch schon deutlich vor sich und spielt in Gedanken mit dem fertigen Beet. Und während man so spielt, mit Leichtigkeit und Freude, vergeht die Zeit wie im Flug. Man merkt es gar nicht, so tief ist man versunken in seine »Arbeit«. Aber Arbeit kann man es auch nicht mehr nennen, denn es fühlt sich nicht so an. Die Dinge gehen einem leicht von der Hand, selbst das Ausgraben der alten Pflanzen mit dem Spaten ist schnell und leicht erledigt. Es ist die Freude, das Sein im Moment, was einem diese Kraft schenkt. Diese Leichtigkeit des Spiels, die einen im wahrsten Sinne des Wortes Berge versetzen lässt. Das, was unsere Kinder alle noch können – wenn man sie lässt, ihnen nicht dauernd dazwischenfunkt.
Immer dann, wenn wir es schaffen in dieses Spielen einzutauchen, wenn uns die Begeisterung packt und wir die Dinge mit Freude angehen, dann werden sie zum Kinderspiel. Dann haben wir Ideen und sind kreativ. Dann geht uns die Arbeit leicht von der Hand und das Schönste ist, dass wir sie gar nicht so empfinden. Wir sind nicht ausgelaugt und müde. Im Gegenteil, wir freuen uns an dem was wir geschafft haben, freuen uns am Ergebnis. Können uns gar nicht sattsehen an dem was entstanden ist. Und das gibt unendlich viel neue Kraft für das was kommt, für neue Aufgaben und Beete, vielleicht auch für das oft lästige Unkrautjäten.

Es gibt immer eine gute und
eine schlechte Seite.
Manchmal lehrt mich die
schlechte Seite des Lebens
mehr Weisheit als die gute.

Weisheit der Sioux

Gelassenheit

Auch aus den Steinen, die einem in den Weg gelegt werden, kann man etwas schönes bauen.
Johann Wolfgang von Goethe

Gartenbesitzer stellen sich in Trockenperioden nachts den Wecker, damit sie den Rasensprenger verschieben können. Da werden Rasenkanten mit der sprichwörtlichen Nagelschere geschnitten, jedes dürre oder abgefallene Blatt im Garten entfernt und jedem Unkrauthälmchen nachgejagt. Wo bleibt da die Freude, der Spaß am Garten, frage ich mich. Wenn mir mein Garten nachts den Schlaf raubt, dann läuft etwas verkehrt, dann hat mein Garten seinen Sinn verfehlt. In erster Linie habe ich ihn doch, weil er mir Spaß macht, weil ich die Arbeit im Freien, das in-der-Erde-Wühlen, sehr gerne tue. Einmal bin ich einer alten Frau begegnet, die hatte und hat auch heute noch einen wunderschönen Garten. Doch sie lässt kaum jemanden hinein, weil sie sich genau diesen Frieden, diesen Spaß am Garten erhalten will. Sie gräbt und buddelt gerne in der Erde, plant ein neues Beet oder eine neue Sichtachse. In ihrem Garten ist immer etwas los, immer etwas in Veränderung, entsteht immer etwas Neues. Dadurch ist nicht immer die Zeit da, sich um alle

Ecken des Gartens gleich gut zu kümmern, denn der Garten ist sehr groß. Das ist in meinen Augen auch gar nicht nötig, denn nicht alles braucht zu jeder Zeit immer die gleiche Zuwendung. Manchmal ist es sogar gut ein Beet etwas mehr in Ruhe zu lassen, dann kommen oft die erstaunlichsten Pflanzenbilder zum Vorschein. Nur so hat zum Beispiel *Verbena bonariensis* eine Chance sich zu vermehren. Vieles was keimt fällt sonst der Hacke zum Opfer. Und wen überrascht es, dass diese Pflanze in dem Garten der alten Dame ein Traum ist. Dieser Garten lebt und dort sieht man auch Pflanzen, die in anderen Gärten akribisch entsorgt werden und absolut nicht erwünscht sind. Die Zeit, die andere damit verbringen die Nagelschere zu zücken und jedem Grashalm nachzujagen, verbringt sie lieber mit den schönen Arbeiten im Garten oder genießt ihre wunderschöne Oase gemütlich bei einer Tasse Tee auf der Terrasse. Allerdings ist diese gesunde Einstellung bei vielen Gartenbesitzern, vor allem Gartenreisenden, verpönt und ruft immer wieder Kritik hervor. Das möchte sich diese Gartenbesitzerin nicht aufladen und deshalb lässt sie nur wenige in ihr blühendes Reich. Das ist eigentlich sehr schade, denn dadurch entgeht einem ein wunderschöner Garten mit vielen gestalterischen Blickpunkten und kostbaren Pflanzen.
Auch ich kenne dieses Phänomen in meinem Garten sehr gut. Und viele Hausfrauen kennen es ebenfalls: Steht Besuch an, dann schrubbt man das Haus. Das würde man für sich selber nicht so gründlich machen. Da ist es in Ordnung so wie es gerade ist. Oder man gönnt sich eher eine Tasse Kaffee auf der Gartenbank, als noch den Rasen zu mähen, da man sowieso schon den ganzen Tag auf den Beinen war. Dafür ist doch morgen oder übermorgen auch noch genügend Zeit.
Warum sind einem die anderen und das was sie denken immer wichtiger als wir selbst? So sind wir oft gestrickt, wir wollen es ordentlich und sauber haben, wenn jemand in unser Haus oder

in den Garten kommt. Wir stellen selber sehr hohe Ansprüche an uns, weil wir es so gewohnt sind und gelernt haben. Aber das Leben funktioniert in der Regel nicht so. Es ist nicht alles oder überall perfekt, auch wenn wir das gerne so hätten. Da liegen nun mal Blätter herum oder steht eine Pflanze wo sie nicht hingehört. Vielleicht befinden sich nicht alle Dinge an ihrem Platz. Oder man stolpert an der Haustüre über die Schuhe der Kinder, die diese da verloren haben – aber man wird mit Kaffeeduft und selbstgebackenem Kuchen empfangen. Wofür in anderen Fällen dann oft die Zeit fehlt, weil die Fenster blank poliert sind und strahlen. Was einem als Besucher vielleicht noch nicht einmal auffällt, denn man möchte doch den Menschen besuchen und nicht das Haus. Seltsamerweise stören einen in einem fremden Haus die Spinnweben unter der Decke wenig, auch die Staubschicht auf dem Bücherregal ist keine Schande. Im Gegenteil, es macht den Menschen nur sympathischer, weil man weiß wie es ist, weil man es sehr gut verstehen kann. Und weil es Mut macht für etwas mehr Gelassenheit und dazu, die Messlatte selbst einmal nicht so hoch anzusetzen und sich nicht so viel Stress zu machen.
Auch in der Natur stören uns die Blätter im Wald nicht, im Gegenteil, wir finden den bunten Herbstwald sehr schön. Warum dann nicht auch im Garten? Auf einem Feldweg haben wir nicht das Bedürfniss ständig zu kehren. Warum müssen dann alle Wege im Garten immer tipptopp gefegt sein? Nur weil mal irgendwo etwas herumliegt oder Pflanzen wachsen, wo sie nicht hingehören, herrscht nicht sofort das Chaos oder lebt man im Urwald. Gerade diese Kleinigkeiten machen die Seele eines Gartens aus und sorgen dafür, dass man sich wohlfühlt und sich ruhig niederlassen und entspannen kann.

Warum?

Manche Menschen sehen die Dinge
wie sie sind und fragen: »Warum?«
Ich wage von Dingen
zu träumen, die es niemals gab,
und frage: »Warum nicht?«
Robert Browning

Bei uns in der Gegend gibt es eine alte Gärtnerei in der noch Jungpflanzen selber gezogen werden, wo man Wert auf Qualität legt. Man hat den Eindruck, dass den Menschen dort der Garten und die Pflanzen, das Handwerk des Gärtners noch am Herzen liegen. Eine Gärtnerei nach dem alten Schlag, die heute aber sehr selten sind. Das lohnt sich nicht, ist antiquarisch und museumsreif, so urteilt die Fachwelt.
Nun ist es aber nicht so, dass diese Gärtnerei nicht mit der Zeit geht: Dort finden sich neben dem »Alten« genauso modernste Gewächshaustechnik, Rolltische und Anstaubewässerung, wie in allen anderen Betrieben auch. Nur hat man hier nicht alles, was nicht mehr zeitgemäß war entsorgt, sondern weiterhin genutzt, wenn es sinnvoll war. Nicht alles, was wir für alt und überholt halten ist wirklich schlecht. Genauso wie nicht alles, was neu ist

wirklich gut ist. Da gibt es einen Haufen Mist, der wirklich überflüssig ist, nur dazu gedacht schnelles Geld zu machen. So kommt es mir jedenfalls oft vor. Außerdem ist heute zwar vieles äußerst praktisch und kostengünstig, aber schön ist es selten. Gerade auf Schönheit und Freude, echte Lebensqualität wird in der Regel wenig Wert gelegt. Hauptsache, es zahlt sich aus.
In dieser Gärtnerei wird auf manche Neuerung verzichtet, weil sie in diesem Betrieb einfach keinen Sinn machen würde und nicht hinpasst. Dagegen wird manches Alte belassen, weil es sich über Jahrzehnte bewährt hat. Warum also sollte man etwas zum Fenster rauswerfen, nur weil es vielleicht nicht mehr dem neusten Stand entspricht. Klüger und im Endeffekt effizienter ist es doch, das Gute aus beiden Teilen zu nutzen. Das was sich bewährt hat zu behalten und das, was nicht funktioniert zu verändern.
Doch wenn wir heute etwas verändern, dann häufig im großen Stil. Dann werden gerade in der Gartengestaltung schwere Maschinen aufgefahren und erst einmal alles niedergewalzt. Man sägt einen uralten Walnussbaum ab, der schon fast ein ganzes Jahrhundert auf dem Buckel hat, weil man sich einen japanischen Garten mit Schlitzahorn und viel Kies einbildet. Und das im tiefsten Bayerischen Wald, mit einem uralten, historisch sanierten Bauernhaus. Das hat wenig mit Stilempfinden und Schönheit zu tun. Und der Garten- und Landschaftsbauer macht auch noch mit, denn er wittert ein gutes Geschäft. So etwas wie Berufsehre, die die alte Gärtnerei durchaus noch praktiziert und was die zahlreichen Kunden dort zu schätzen wissen, kennt dieser Mann nicht.
Manchmal frage ich mich: Sind die Menschen blind, sehen sie es denn nicht? Es ist doch so offensichtlich. Doch um genau das zu sehen, da benötigt es häufig Abstand und Weitblick. Diese Sachen fallen einem nicht auf, wenn man im Alltagsgeschäft gefangen ist und durch die täglichen Sorgen und Probleme nicht weiß, wo einem der Kopf steht. Und gerade diese Ablenkung ist sehr groß

in unserer Zeit. Ist es nicht der Beruf, dann ist es der Freizeitstress. Es ist heute sehr schwer sich aus dem Geschehen zurückzuziehen, um wirklich einmal reflektieren zu können. Dazu muss man sich Zeit nehmen, raus in die Natur gehen. Gerade die Natur bietet diesen Rückzugsraum, denn hier sehen wir nicht was getan werden muss, wie so häufig im eigenen Garten. Hier geht uns das alles nichts an. Hier ist jemand anderes der Gärtner und er macht das, wenn er kann wie er will, in der Regel perfekt.
Wir müssen nicht zurück in die Steinzeit, um mit der Natur zu leben, ihre Schätze zu bewahren und zu nutzen. Wir brauchen einfach nur wieder etwas Weitblick und Achtsamkeit. Dann stellen wir fest, dass viele Dinge, denen wir mit soviel Herzblut hinterherlaufen und die wir mit soviel Anstrengung versuchen zu erreichen, gar nicht so prickelnd sind. Dass wir sie eigentlich, wenn wir ehrlich sind zu uns selbst, gar nicht wollen und brauchen. Dass wir viel Zeit und Energie in etwas investieren, was gar nicht zu uns gehört. Wir machen es, weil man es eben macht, weil es von uns erwartet wird, es eben dazugehört. Aber ist es wirklich das, was wir wollen, was wir uns in unserem Leben vorstellen, was wir uns insgeheim erträumen?
Viel würde nicht passieren und wir würden uns viel Energie sparen, wenn wir vor solchen Situationen und Vorhaben Zeit hätten, die Dinge reifen zu lassen. Zeit, um einfach mal in Ruhe darüber nachzudenken, was sich bewährt hat und was nicht und was ich will und was ich brauche. Denn die Menschen lassen sich nicht alle über einen Kamm scheren. Was für den einen gut ist, ist für den anderen die Hölle. Deshalb gibt es auch selten einen gleichen Ansatz. Jeder Garten und jeder Ort ist anders. Mit jedem muss man individuell umgehen. Jeder erfordert andere Lösungen und Ideen. Und genau dann entstehen die Gärten und auch die Betriebe, in denen man sich wohlfühlt und die einen begeistern: Gärten und Betriebe, die eine Seele haben.

Alt ist nicht alt!

Der Garten ist mehr als nur das Nutzen von Lebensmitteln.
Er bereichert die Seele, erdet die Gefühle
und sensibilisiert die Wahrnehmung.
Magdalena Kühn

Alt ist in unserer Gesellschaft ein Wort, was wir gar nicht gerne hören. Besonders Frauen sind davon betroffen. Da gibt es Weinkrämpfe zum Geburtstag, wenn dieser die 40 oder gar die 50 überschreitet, sowie Mittel und Wege, sogar chirurgische, um das Alter aufzuhalten. Auch alte Menschen werden aufs Abstellgleis geschoben, in Heime verfrachtet, weil uns die Zeit fehlt sich um sie zu kümmern. Früher wurden sie in den Familien mitversorgt, weil immer einer da war. Aber wo ist das heute noch so? Die Arbeit, das Leben zwingt uns, den größten Teil der Zeit woanders zu verbringen. Da bleibt nicht viel Zeit für hilfebedürftige Menschen wie Kinder und Alte. Doch in anderen Kulturen steht das Wort alt für etwas ganz Besonderes. Alte Seelen sind dort Menschen, die viel Lebenserfahrung haben, deren Weisheit oft zurate gezogen wird, nach denen sich die jungen richten. Auch im Garten, in der Natur, hat alt eine ganz andere Bedeutung. Ein alter, in die Jahre gekommener Baum fällt immer auf, lenkt die

Blicke auf sich. Steht er frei in der Landschaft und konnte über Jahre seinen eigenständigen Wuchs entfalten, dann ist er etwas ganz Besonderes. Vor solchen Baumgestalten bleiben wir oft ehrfurchtsvoll stehen und bewundern sie. In deren Schatten halten wir uns gerne auf. So ein Baum vermittelt uns Geborgenheit und Sicherheit. Da stört es uns nicht, wenn die Krone nicht ebenmäßig rund ist, ein alter Ast irgendwo abgebrochen ist oder eine Wunde im Baum klafft. Im Gegenteil, das macht ihn noch interessanter. Auch viele andere Pflanzen im Garten werden erst mit den Jahren immer schöner. Man denke nur an Pfingstrosen oder Christrosen. *Helleborus-orientalis*-Hybriden werden erst im Alter zu richtig prächtigen Stauden. Hier wartet man sehnsuchtsvoll, dass die Jahre vergehen und die Pflanzen mit der Zeit ihre wahre Pracht entfalten, wachsen und größer werden. Manchmal stehen wir mit sehnsuchtsvollem Blick vor den Keimlingen und können das Alter

Alte Bäume sind etwas Besonderes, auch wenn sie schon einige »Federn« gelassen haben.

oder die Ernte kaum erwarten. Wir züchten kleine Obstbäume, behandeln sie durch Schnitt, damit sie früher Früchte tragen. Im Grunde täuschen wir so dem Baum ein Alter vor, das er eigentlich noch nicht hat, damit er in die Ertragsphase kommt. In der Natur sowie in den alten Kulturen steht das Wort alt für Weisheit, Lebenserfahrung und Geduld. Doch wir berauben uns gerade diesem großen Erfahrungsschatz, lassen ihn ungenutzt brachliegen. Wieviele alte Menschen werden zum Beispiel in der Arbeitswelt ausgemustert, weil sie angeblich nicht mehr so leistungsfähig sind. Ihre Weisheit lässt man damit unter den Tisch fallen, nutzt sie nicht. Und dabei wäre doch die angesichts der heutigen Probleme bitter nötig. Aber vielleicht lässt man sie auch bewusst unter den Tisch fallen, weil man diese Weisheit in unserer Gesellschaft gar nicht haben will. Denn Weisheit macht nicht allen Mist mit und man kann ihr auch nicht alles verkaufen.
Gerade der Geburtstag des halben Jahrhunderts ist ein Tag, der einem die Möglichkeit bietet genau das zu erfahren. Die Kinder sind in der Regel aus dem gröbsten raus und gerade für die Frauen verdeutlicht dieser Tag, das es jetzt wieder mehr um sie selber geht. Man hat wieder mehr Zeit für die eigenen Dinge, den Beruf, das was einem wichtig ist und Spaß macht. Die Zeit der Familie, in der man sich um vieles kümmern musste, ohne gefragt zu werden, ist vorbei. Und da man schon einiges an Lebenserfahrung hat, weiß man auch was wichtig ist und was nicht. Man muss nicht mehr alles mitmachen und hat durch jahrelanges Training das nötige Selbstbewusstsein, genau dies kundzutun. Man weiß, was einem guttut und was nicht und kann entsprechend danach handeln. Man hat ebenfalls erkannt, dass man selbst dafür zuständig ist und niemand anderes. Gerade das schenkt die Freiheit, sein Leben selbst zu meistern und in die Hand zu nehmen. Was aber nicht immer und überall gewünscht ist, weil man sich dann eben nicht mehr für viele Dinge einspannen und benutzen lässt.

Der Schein trügt

Man muss nicht erst sterben,
um ins Paradies zu gelangen,
solange man einen Garten hat.
aus Persien

Mein Garten liegt auf einer Anhöhe in einem kleinen Dorf. An zwei Seiten begrenzt ihn die Straße. Die Menschen, die daran vorbeikommen haben den Eindruck, sie kennen meinen Garten. Immer mal wieder kann man einen Blick durch ein Tor oder, wenn im Winter das Laub der Hainbuchenhecke verschwunden ist, einen Blick durch die Hecke werfen. All das schafft die Illusion, man wüsste, was sich dahinter verbirgt. Wie wenig das jedoch zutrifft, wie sehr die Menschen sich dabei täuschen, ist mir eines Tages bewusst geworden. An jenem Tag stand ein befreundeter Gärtner aus dem Nachbarort, der es noch nie vorher in meinen Garten geschafft hatte, nun endlich in meinem Garten. Er war äußerst erstaunt und gestand mir etwas verschämt, dass er sich beim Vorbeifahren immer gefragt hatte: »Was zeigt die den Leuten, was machen die für einen Wirbel um ihren Garten?«. Er konnte es nicht nachvollziehen. Doch jetzt wo er mittendrin stand verstand er die Äußerungen der Leute.

Und mir wurde wieder einmal bewusst, wie sehr doch oft der Schein trügt und man sich von der Fassade täuschen lässt. Wie sehr wir oft das, was dahinter steht nicht sehen. Uns häufig auch nicht die Mühe machen, es zu ergründen. Mir ist es selbst schon aufgefallen, wenn ich von meinen Spaziergängen aus Wald und Flur zurückkomme und mein Garten vor mir liegt: Von außen wirkt der Garten ganz anders, lang nicht so schön wie wenn ich den Blick von innen nach außen schweifen lasse. Das ist eigentlich kein Wunder, man plant den Garten doch genau so. Man steht im Garten während man die Sichtachsen wählt, besondere Ausblicke betont oder nicht so schöne mit Pflanzen kaschiert.
Der Kern liegt im Garten und von dort aus entfaltet er sich, genau wie bei einem Samenkorn. Und wenn man es mal genau betrachtet, dann ist es bei uns Menschen eigentlich genauso. Wir gehen oft nach dem Äußeren, wobei so viel doch im Inneren versteckt ist. Wir meinen unser Gegenüber zu kennen, zu wissen wie er tickt. Doch ist das wirklich so? Wissen wir, warum die Mutter im Kindergarten neben uns gerade ihr Kind anschreit, so dass alle empört und etwas unbeholfen zur Seite schauen. Vielleicht ist sie am Ende ihrer Kraft und dieser Schrei nur ein Hilferuf. Vielleicht geht dieses »Theater« schon den ganzen Morgen so. Vielleicht zeigt ihr Kind ihr nur, was sie selber eigentlich tun sollte. Rumzicken und nicht mehr alles mitmachen. Nicht mehr das tun, was sie nicht tun will. Tatsache ist, dass wir es nicht wissen können, was in ihrem Inneren vorgeht, aus welchen Erfahrungen heraus sie so reagiert. Und doch wagen wir es sie zu beurteilen, haben uns innerhalb von Sekunden eine Meinung gebildet. So wie die Menschen, die mal schnell an meinem Garten vorbeifahren.
Und doch können wir, wie mein Freund der Gärtner, eine Überraschung erleben, wenn wir uns die Mühe machen würden näher hinzuschauen. Was ist denn hinter der Hecke verborgen? Was gibt es da alles zu entdecken? Immer wieder habe ich festgestellt, dass

man gerne seinen Garten zeigt, etwas von sich selber preisgibt, wenn einem der andere mit der nötigen Achtung, dem nötigen Respekt begegnet. Dann ist es leicht ins Gespräch zu kommen, Gemeinsamkeiten zu finden und sich über unterschiedliche Standpunkte auszutauschen. Dann erfährt man etwas über die Wahrheit, was sonst hinter Hecken, im Dunklen verborgen bleibt. Genauso ist es mit vielen Dingen im Leben. Wir sind so auf das Visuelle, den äußeren Schein fokussiert, dass wir alles andere kaum noch wahrnehmen. Ein glänzender, knackiger Apfel in den Obstauslagen unsere Supermärkte ist für uns ein perfektes Nahrungsmittel. Doch nicht alles ist Gold was glänzt. Wir schließen von der perfekten äußeren Qualität automatisch auf eine gute innere Qualität. Auch das ist ein großer Trugschluss. Wir lassen uns blenden! In einem Zeitalter, in dem die Informationsflut so groß ist wie noch nie, scheinen doch die Menschen weniger zu wissen als früher. Die Vitaminbombe Apfel hat je nach Sorte eigentlich einen ganz normalen Vitamin-C-Gehalt, genauso wie Salat, um die 13 mg pro 100 g. Orangen liegen bei 50 mg Vitamin C. Unsere Wildkräuter stellen alle in den Schatten, mit Werten, die wie beim Gänseblümchen bei 87 mg anfangen und in die Hunderte gehen. Was viele auch nicht wissen ist, dass der Apfel bei der Lagerung seinen Vitamin-C-Gehalt verliert. Also den Äpfeln, die wir im Sommer aus der CA-Lagerung essen, fehlt jegliches Vitamin C. Auch Äpfel aus Übersee werden gelagert, alleine schon bei dem Transport auf dem Schiff. Außerdem lässt sich die gesamte Ernte nicht auf einmal verkaufen, sondern sollte den ganzen Sommer über halten. Wieder einmal bestätigt sich, was unsere Vorfahren intuitiv wussten: Der Apfel aus dem Garten, direkt in den Mund ist von der Qualität mit nichts zu vergleichen. Er mag zwar dem optisch glänzenden Apfel aus dem Supermarkt scheinbar nicht das Wasser reichen, aber genau das Gegenteil ist der Fall, wie wissenschaftliche Studien belegen.

Ein Feuer am Brennen halten

Tradition bedeutet nicht, Asche zu verwahren,
sondern ein Feuer am Brennen zu halten.
Jean Jaurès

Mein Garten liegt in einem alten Streuobstgebiet. Viele kennen den Lallinger Winkel als Obstanbaugebiet im Bayerischen Wald, aber früher gab es überall an den Hängen zur Donau hin Streuobst. Gerade im kargen Bayerischen Wald war das ein gutes Zubrot für die Menschen. In den fünfziger Jahren gab es in Bayern noch 20 Millionen Obsthochstämme, heute sind gerade mal sechs Millionen noch erhalten. Mir liegen diese Obstwiesen sehr am Herzen, denn ihr Erhalt ist nicht nur für die Landschaft und viele Tiere und Pflanzen lebenswichtig, sondern auch für uns Menschen. Sie sind die Apotheke unserer Natur, unserer Gegend hier. Die extensiv bewirtschafteten Wiesen sorgen dafür, dass sich wieder Wiesenblumen und Wildkräuter ausbreiten können, von denen nicht nur unsere Vorfahren, sondern auch wir mittlerweile wieder wissen, wie wertvoll sie für die Natur und auch für unsere Gesundheit sind.

Schon lange beschäftige ich mich deshalb mit diesen Streuobstwiesen und vor allen Dingen mit dem Apfel. Als gelehrte Baumschulerin und später lange Jahre im Obstbau in Weihenstephan Tätige haben mich diese alten Bäume und ihre Früchte schon immer fasziniert. Auch was dahintersteht, was im Apfel steckt hat die Wissenschaftlerin in mir immer begeistert. Gerade der Apfel wird heute von vielen Menschen nicht mehr vertragen, Allergien sind an der Tagesordnung. Das Thema mit den Allergien ist ein sehr brisantes, denn jeder Mensch und jede Allergie ist anders. Man kann hier nicht alles über einen Kamm scheren und vieles ist noch nicht erforscht. Gerade wenn es um die Inhaltsstoffe von Pflanzen geht, wissen wir noch sehr wenig.
Noch in den 80er-Jahren des letzten Jahrhunderts hat man der großen Gruppe der sekundären Pflanzenstoffe keine großartige Wirkung zugestanden. Sie sorgten für Farbe und Geschmack, hatten für den direkten Stoffwechsel und das Wachstum der Pflanzen aber keine Bedeutung wie die primären Pflanzenstoffe Stickstoff, Kali, Magnesium und Phosphor. Doch wie es oft im Leben ist: Die kleinen Dinge, denen wir keine so große Achtung schenken, sind die, die es letztendlich ausmachen. Und so ist es auch hier. Der großen Gruppe der sekundären Pflanzenstoffe – wozu die heute so genannten Polyphenole, die im weitesten Sinne als Gerbstoffe bezeichnet werden können, gehören – schenkt man gerade beim Apfel besondere Aufmerksamkeit. Denn heute weiß man, dass die Pflanze diese Stoffe herstellt, um sich zu schützen, sich gesund zu erhalten und damit der Stoffwechsel überhaupt funktionieren kann. Auch beim Menschen sorgen diese Polyphenole für die Gesundheit des Zellstoffwechsels, indem sie die freien Radikale, die beim Stoffwechsel automatisch entstehen, neutralisieren. Unser Körper kann diese Stoffe nicht selber produzieren, sondern muss sie mit der Nahrung aufnehmen. Geschieht das nicht, greift der Körper auf seine eigenen Substanzen zurück und entnimmt

das Sauerstoffatom, dass ihm fehlt, um diese freien Radikale zu neutralisieren, dem eigenen Zellsystem. Die eigenen Zellen werden dadurch geschädigt und sind anfällig für Krebs. Die große Gruppe der sekundären Pflanzenstoffe – wozu auch die Farbstoffe, Anthocyan oder Flavonoide zählen – gehören zu den antioxidativ wirkenden Substanzen, können aber auch entzündungshemmend und desinfizierend wirken.

Polyphenole scheinen auch bei den Allergien eine große Rolle zu spielen. Viele alte Apfelsorten enthalten wesentlich größere Mengen an Polyphenolen als die neueren Apfelsorten. Sie werden von Allergikern besser vertragen, selbst wenn diese das gefürchtete allergieauslösende Gen ›Mal d1‹ besitzen. Anscheinend neutralisieren die Polyphenole die Wirkung des Allergenes. Doch da tappt die Wissenschaft noch im Dunklen. Es gibt auch neuere Sorten wie ›Santana‹, ›Braeburn‹ und ›Topas‹, die geringe Mengen des allergieauslösenden Gens enthalten. Aber gerade ›Braeburn‹ wird von den Probanden kaum vertragen. Das wirft die Frage auf, ob nicht noch andere Dinge eine Rolle spielen, zum Beispiel wie wir die Äpfel behandeln oder wie sie produziert werden. Man weiß nämlich, dass die Polyphenole bei höherer Sonneneinstrahlung in der Frucht zunehmen. Äpfel, die am Baum voll ausreifen dürfen enthalten mehr von diesen Stoffen. Doch der Handel will knackige, feste Äpfel. Äpfel bekommen Druckstellen und sehen nicht mehr so schön aus, wenn sie in den Regalen mit wenig Achtsamkeit behandelt werden. Deshalb werden Äpfel heute zu einem Zeitpunkt gepflückt, in dem sie noch nicht vollständig reif sind und ihnen also noch einiges an Sonne fehlt.

Außerdem werden von den Pflanzen weniger Polyphenole produziert, wenn sie sich nicht gegen Krankheiten und Schädlinge wehren müssen, also gespritzt werden – egal, ob das biologisch oder konventionell erfolgt. Deshalb sind unbehandelte Äpfel aus dem eignen Garten oder aus den Streuobstwiesen gesundheitlich so wertvoll. Auch wenn sie nicht so aussehen. Das ist das Verdrehte: Dem, was wir als Mostobst bezeichnen räumen wir keinen so hohen Stellenwert ein wie dem Tafelobst, es ist qualitativ aber viel wertvoller. Deshalb ist der Apfelsaft aus diesen Streuobstwiesen so gesund, denn er enthält all diese Substanzen noch. Im Gegensatz zu Vitaminen sind die Polyphenole hitzestabil und auch bei der Vergärung nehmen sie keinen Schaden. Deshalb sind Apfelmost und Apfelessig so wertvoll für unsere Gesundheit. Allerdings sollte es sich dabei um naturtrüben Apfelsaft handeln, denn beim klaren Saft werden die Hälfte der guten Stoffe herausgefiltert. Die Apfelschorlen, die wir im Handel, in der Gastronomie so bekommen, stammen zu 90 % aus Apfelsaftkonzentrat. Die Äpfel dazu kommen aus China und sind Pflanzenschutzmitteln ausgesetzt, die in Deutschland schon lange verboten sind. Deshalb finden wir dort auch die Problematik der fehlenden Bienen, so dass die

Unbehandelte Streuobstäpfel weisen möglicherweise ein paar Flecken oder kleine Macken auf. Sie sehen für unser verwöhntes Auge nicht gut aus und entsprechen vielleicht nicht unserem ästehtischen Empfinden – dennoch sind sie das Gesündeste was wir haben.

Bäume per Hand bestäubt werden müssen. Eine Tatsache, die man sich auch nur leisten kann, weil die Arbeitskräfte dort so zahlreich und so billig sind. Will man so etwas unterstützen indem man gedankenlos solche Produkte konsumiert? Eine Frage, die jeder selbst mit seinem Gewissen ausmachen muss.
Fragt man heute einen modernen Obstbauern, dann sagt dieser, dass eine Tafelobstproduktion ohne zu spritzen nicht möglich ist. Selbst die Bio-Obstbauern müssen bei der Produktion von Tafelobst Unmengen an Kupfer und Netzschwefel ausbringen. Gerade das Kupfer ist im Hinblick auf unsere Böden sehr bedenklich. Die Fragen, die sich hier stellen: Wie haben die Menschen vor hundert Jahren Äpfel produzieren können? Wie machen die Streuobstbauern heute, bei denen sehr viele überhaupt nicht spritzen, ihre Arbeit? Wie können sie überleben? Ganz einfach: Sie haben andere Sorten. Sorten, die gesund sind und die auch gut schmecken, die der Handel aber verschmäht, weil sie nicht knackig genug und nicht lange lagerfähig sind. Hier spielt viel unsere Psyche mit, sehr viel Aufklärungsarbeit ist zu leisten. So nehmen Biokunden nicht gerne gelbe Äpfel! Warum nicht? Weil jeder gelbe Apfel mit ›Golden Delicious‹ assoziiert wird und den will man nicht. Zu Recht, denn dieser eigentlich schon eher zu den alten Sorten gehörende Apfel, ist der Grund für die Misere im Apfelanbau. Es ist eigentlich eine Sorte, die sehr anfällig ist für Krankheiten, besonders für Schorf und Mehltau, die beiden Hauptpilzkrankheiten im Apfelanbau. Außerdem besitzt sie ein sehr großes Allergiepotential. Doch ihre Eigenschaft fast immer zu blühen, hat ihr diesen Boom eingebracht. ›Golden Delicious‹ ist ein Massenträger und deshalb hat man ihn seit 1930 in fast alle modernen Apfelsorten eingekreuzt. Und das auf der ganzen Welt. Alle Züchter haben auf das gleiche Ausgangsmaterial zurückgegriffen. Unser modernes Apfelsortiment besteht aus fünf Sorten, nämlich ›Golden Delicious‹, ›Jonathan‹, dessen Großeltern auch

›Golden Delicious‹ enthalten, ebenso wie ›Cox Orange‹ und ›James Grieve‹, der eine Tochter von ›Cox Orange‹ ist. Unser modernes Apfelsortiment ist genetisch extrem verarmt und besteht praktisch aus Inzucht. Dazu kommt, dass gerade diese Sorten extrem anfällig für Krankheiten sind: ›Golden Delicious‹ ist ein Schorfweltmeister, ›Jonathan‹ schafft dies beim Mehltau und ›Cox Orange‹ beim Obstbaumkrebs. Gäbe es die Pflanzenschutzmittelindustrie nicht, dann wären diese Sorten schon längst verschwunden. Denn es gibt unter den alten Sorten durchaus welche, die die Qualitäten des ›Golden Delicious‹ mit einem gesunden Laub und gesunden Früchten vereinen. Der ›Seestermüher Zitronenapfel‹ ist beispielsweise ebenfalls ein Massenträger und zusätzlich kaum anfällig gegen Schorf und Mehltau. Erst heute wird die Züchtung aufmerksam auf diese alten Sorten. Apfeltriebsucht – eine im Apfelanbau

Leider fallen viele solcher Streuobstbäume heutzutage der Kettensäge zum Opfer!

zunehmende Viruskrankheit – spielt bei den alten Apfelsorten kaum eine Rolle. Sie tolerieren die Krankheit. Nur der ›Golden Delicious‹ ist hier wieder eine extreme Zeigerpflanze. Er hat diese Sensibilität in seinem Erbgut verankert und gibt sie an alle seine Kinder weiter. So sind viele Probleme im heutigen Obstanbau hausgemacht und würden gar nicht erst entstehen, wenn man den alten Sorten wieder mehr Beachtung schenken würde. Viele alte Sorten sind auch noch gar nicht erfasst. Man weiß nicht, was in irgendwelchen Hinterhöfen überlebt hat. Wir sollten einmal genauer hinsehen, bevor wir solche alten Riesen der Motorsäge zum Opfer fallen lassen. Hier ließe sich züchterisch schnell etwas machen, da diese alten Sorten schon sehr viel mitbringen.
Doch was macht die moderne Züchtung? Den selben Fehler wie schon immer. Sie setzt auf Gentechnik, die Veränderung von einzelnen Genen. Das hat schon bei der Schorfresistent nicht funktioniert, die auf einem einzelnen veränderten Gen beruht und bereits nach zehn Jahren durchbrochen wurde. Im Gegenteil, man hat dadurch noch neue Schorfrassen gezüchtet, die es vorher nicht gab. Es benötigt die Vielfalt der alten Apfelsorten, um gesund zu sein und zu bleiben. Aber wir müssen bereit sein diese Vielfalt wieder zu würdigen. Denn wenn diese Bäume gefällt werden, dann verschwindet diese Vielfalt. Wenn wir sie nicht nutzen, keine alten Apfelsorten im Handel nachfragen, keinen Streuobstsaft kaufen und bereit sind dafür auch mehr Geld auszugeben, dann wird sich niemand die Mühe machen – außer ein paar Idealisten – und diese Sorten erhalten. Dann lassen wir uns von ein paar Monopolisten einen ganz schönen »Schund« andrehen. Wir als Verbraucher sind hier genauso gefragt. Wir haben es selber in der Hand und sind keineswegs so machtlos wie viele vermuten. Wir brauchen nur Mut und gesunden Menschenverstand, um etwas zu verändern. Viele kleine Taten führen letztendlich zu einer großen: dem Erhalt unserer so wertvollen Streuobstwiesen!

Den Dingen ihren Lauf lassen

Willst du wissen, was Schönheit ist,
so gehe hinaus in die Natur,
dort findest du sie.
Albrecht Dürer

Eigentlich habe ich ein etwas gespaltenes Verhältnis zu Gärten, in denen in jeder Ecke etwas steht. Wo man nicht weiß, wo man zuerst hinsehen soll und einem nach kurzer Zeit schon der Kopf schwirrt, weil es einfach zu viel ist. Hier und dort liegt ein Dachziegel mit einem Spruch. An anderen Ecken finden sich die ausrangierten Schuhe der letzten zehn Jahre, natürlich mit Hauswurz bepflanzt. »*Was zu viel ist, ist zu viel*«, sagt ein altes Sprichwort in Bayern. Ich halte es da lieber mit Paracelsius, der bekanntlich sagte: »*Die Dosis macht's!*« Dieses kunterbunte Durcheinander erinnert eher an ein Warenhaus und hat herzlich wenig mit Gartengestaltung zu tun. An zentralen Punkten einen Blickfang oder etwas Besonderes, vielleicht nur einen Stuhl oder eine besondere Pflanze im Kübel – das schafft Spannung und fesselt das Auge. Dazwischen Ruhepunkte für das

Auge – man betone das Wort Ruhe. Beete, Pflanzungen, an denen das Auge vorbeischweifen kann, bevor es wieder etwas findet, was es fasziniert innehalten lässt. Das ist die hohe Schule der Gartengestaltung, nach dem Motto: Weniger ist mehr!
Doch das ist nicht immer so einfach. Ich kenne es selber. Seit einigen Jahren habe ich neben meinem Garten einen Gemüseacker, eingebettet in Obstbäume und Wiese. Ich liebe die Weite, das offene Feld und dass der Blick hier schweifen kann, ins Tal und auf den benachbarten Berghang. Ganz anders als der umfriedete Raum des Gartens. Und doch besteht immer wieder die Gefahr auch hieraus einen Garten zu machen, den ein oder anderen Strauch zu pflanzen. Der Platz wäre doch da! Aber es gilt sich zu beschränken, auch wenn es noch so verführerisch ist, die eine oder andere Kostbarkeit zu pflanzen. Würde man diesem Drang nachgeben, dann wäre ganz schnell die Weite verloren, die schöne Aussicht verschwunden. Aus dem Feld wäre ein Garten geworden und noch mehr, was gepflegt werden möchte.
Wir Menschen sind anscheinend bestrebt leere Räume zu füllen, Begrenzungen zu schaffen, denn dann fühlen wir uns sicher. Leere und Weite machen uns Angst. Wir sind immer bestrebt, diese Leere schnell wieder vollzustopfen, damit wir dieses ungewohnte Gefühl nicht spüren müssen. Doch Weite und Blickachsen schaffen Spannung, sie machen neugierig und bringen Freiheit. Was kommt da noch? Wie sieht es dahinter aus? Doch man muss diese Neugierde und Ungewissheit auch zulassen, und ihr Raum geben können, damit sie sich ausbreiten kann.
Das erinnert mich manches Mal an meine Margeriten im Garten. Sie füllen auch jede Lücke, säen sich an den unmöglichsten Ecken aus. Doch leider nicht in der Blumenwiese, wo ich sie gerne hätte, sondern im Gemüsebeet und auf meinen Wegen, in den Fugen zwischen den Steinen. Diese Pflanze ist die Tänzerin unter den Blumen. Mit ihren kraftvollen Blütenstielen bringt sie kleine

weiße Sonnen und ein »Meer von Blumen« hervor, das im Wind hin und her wiegt. Da ich diese Blume liebe, fällt es mir immer schwer, sie zu reduzieren. Aber wie gesagt, sie wachsen leider nicht da, wo sie meiner Meinung nach hingehören. Bei mir im Garten suchen sie sich Plätze, wo man sie schlecht wachsen lassen kann. Denn dann gäbe es keinen Salat, keine Möhren, keinen Schnittlauch. Der Garten bestünde irgendwann nur noch aus einer Farbe, so wie ich es im Frühling von meinen Vergissmeinnicht kenne, die dann überall blühen. Doch diese sind im Gegensatz zu den Margeriten verblüht, wenn das Gemüse seinen Platz braucht.
Da ich es aber nicht fertigbringe, die Margeriten einfach auszureißen und auf den Kompost zu werfen, habe ich mir vorgenommen, sie im Frühjahr in die Wiese zu pflanzen. Doch nicht einfach so! Ich hatte mir ein Muster ausgedacht. Im Herbst musste ich dafür den Rasen abstechen, das Ganze umgraben und die Streifen mit Erde oder Kompost auffüllen. Außer dem Abstechen des Rasens habe ich vor dem Wintereinbruch nichts mehr fertigstellen können. Das musste eben warten bis im Frühjahr, auch wenn ich darüber nicht sehr glücklich war. Doch oft ist es im Leben so: Wenn wir abwarten können und den Dingen Zeit lassen sich zu entwickeln, dann erledigen sich viele Dinge von selbst. Sie sind wesentlich leichter durchzuführen und erfordern nicht soviel Energie, als wenn wir sie sofort in die Hand nehmen. Und siehe da, so war es auch mit meinen Margeriten. Im Frühjahr hatte ich an Ort und Stelle schon Erde. Dafür hatte der Maulwurf über Winter gesorgt. Ich musste keinen Kompost sieben und durch den ganzen Garten schieben. Auch die Löcher waren schon gegraben, denn durch das Abtragen der Grasnarbe brauchte ich nur noch die Pflanzen hineinzusetzen und mit Erde anzufüllen, fertig! Wieviel Arbeit hätte ich mir im Herbst noch gemacht, die völlig umsonst gewesen wäre. Aber in unserer Gesellschaft ist dieses »Nichtstun« und abwarten verpönt und gehört nicht zum guten Stil.

Glück kann man pflanzen!

Und ich denke,
man darf sich den leidenschaftlichen Gärtner
tatsächlich als glücklichen Menschen vorstellen;
zumindest für die Zeit, die er in seinem Garten
und mit den Gedanken an ihn verbringt.
Julia Kospach

Gärten gibt es wie Sand am Meer. Schöne Gärten schon weniger und Gärten, in denen die Menschen glücklich leben, das Paradies wie wir es aus den alten Erzählungen kennen, muss man schon suchen. Doch es gibt sie. Man findet Menschen, die glücklich an ihren Plätzen, mit ihren Gärten leben. Denen der Garten Mut und Kraft gibt, Inspirationsquelle ist für vieles und die dort in Harmonie mit ihrer Umgebung, der Natur, leben. Und in der Regel sind dies besondere Gärten, wunderschön anzusehen, denn sie besitzen eine Seele. Betritt man sie fühlt man sich gleich wohl, hat das Gefühl nach Hause zu kommen.
Es sind keine bestimmten Gartentypen, es gibt so viele verschiedene, wie es auch verschiedene Menschen gibt. Aber sie haben eins gemeinsam: Mensch und Garten sind eine Einheit. Die beiden sind ein Team und wer dort den Ton angibt ist nicht immer

ersichtlich, wechselt von Zeit zu Zeit. Die beiden arbeiten Hand in Hand, stacheln sich zu immer neuen Ideen und Höhenflügen an. So wächst der Garten wie der Mensch mit seinen Aufgaben und wird über die Jahre immer schöner.
Verlässt der Mensch aus irgendeinem Grund den Garten, weil er stirbt oder wegziehen muss – was Gärtner selten tun, denn sie sind besonders tief mit ihrem Platz verwurzelt – dann trauert auch der Garten, verliert etwas von seinem Glanz. Garten und Mensch bedingen einander, lernen voneinander und wachsen miteinander. Der Garten ist ein Spiegel der Seele und holt das aus uns heraus, was tief in uns verborgen ist. Manche schönen Dinge oder manchmal auch Dinge, die wir nicht so gerne sehen, von denen wir uns gewünscht hätten, dass sie weiter vergraben bleiben, werden aufgedeckt. So kann der Garten auch heilen. Der Garten und die Pflanzen zeigen uns, wie man glücklich und zufrieden leben kann. Gärtnern ist kein Hobby. Gärtnern ist eine Berufung und eine Leidenschaft, es bedeutet viel Freude, manchmal aber auch die Konfrontation mit seinen Grenzen.
Gärtner besitzen in der Regel viel Empathie. Das unterscheidet sie von vielen anderen Menschen und sorgt wahrscheinlich für dieses glückliche Händchen. Schlägt man das Wort Empathie im Duden nach oder stöbert im Internet, dann findet sich dazu folgendes: *Bereitschaft und Fähigkeit, sich in die Einstellung anderer Menschen einzufühlen.* Wobei ich es erweitern würde, die Bereitschaft, sich in die Natur, in die Pflanzen einzufühlen, gehört ebenfalls dazu.
Ein Mensch mit Empathie hat das Vermögen, sich in Eigenarten seines Gegenübers einzufühlen. Er spürt automatisch wie es dem anderen geht, wie dieser auf seine Worte reagiert, auf sein Verhalten. Synonyme für Empathie sind Feinfühligkeit und Fingerspitzengefühl. Und gerade diese Qualitäten scheinen in unserer Gesellschaft oft verloren gegangen zu sein, zumindest wenn es um den Umgang mit der Natur geht. Da vermisst man diese Empathie

sehr häufig. In vielen Fällen scheint sie vollkommen verschwunden zu sein. Denn sonst könnten solche Dinge, die man so oft sieht, nicht passieren, gar nicht stattfinden.

Eines Morgens war ich auf dem Markt in der Stadt. Dort gibt es noch zahlreiche Gärtner und Händler, die Gemüsejungpflanzen sowie Obst und Gemüse anbieten. Gerne nehme ich von dort immer wieder ein paar Pflanzen für meinen Garten mit. Da sie auf dem Markt schon den ganzen Tag in der Sonne stehen, sind sie gut abgehärtet. Sie lassen sich sofort nach draußen in den Garten oder mein Feld pflanzen und wachsen dort gleich weiter. Das gelingt mir mit den Jungpflanzen aus dem Gewächshaus nicht immer. Sie sind häufig nicht so gut abgehärtet, sind mir schon manches Mal an heißen Sommertagen verbrannt.

An meinem Lieblingsstand war heute jedoch eine andere Verkäuferin. Sie wickelte meine schönen Grünkohlpflanzen in Zeitungspapier wie ein paar Zitronen. Klar, dass die Pflanzen darunter litten und einige Blätter abbrachen. Als ich sie darauf ansprach, schaute sie mich nur fragend an. Sie verstand nicht was ich meinte, warum mir die Blätter dieser Pflanzen so wichtig waren. Sie versuchte zwar vorsichtiger zu sein, aber man merkte, dass ihr nicht klar war worum es ging, denn die Blumenkohl- und Salatpflanzen wollte sie ebenfalls so einwickeln. Ich konnte den drohenden Schaden nur abwenden, indem ich selber Hand anlegte. Warum sehen die Menschen diese Dinge nicht, verstehen oft die einfachsten Sachen nicht mehr? Warum werden die schön blühenden Rosen unter dem Mähgut des Freischneiders begraben? Warum müssen die Oregano-Blüten zur Blütezeit der Sense zum Opfer fallen, obwohl sie ein Eldorado für Schmetterlinge und Bienen sind? Wo ist da die Empathie für das was im Garten mit uns ist? Der Weitblick auf das große Ganze, das zu sehen und zu erkennen macht in meinen Augen den Unterschied, entscheidet zwischen Glück und Freude sowie Arbeit im Garten.

Nachwort

Der Garten ist ein Spiegel der Seele.
Er lässt erahnen, ob sein Gärtner es liebt,
in überfließender Fülle zu schwelgen, oder ob er eher
zu rigider Eindämmung und Lebenskargheit neigt.
Ralf Sartori

Wir haben feste Vorstellungen, wie ein Garten zu sein hat: Rasen, Staudenbeet, Bäume, vielleicht auch Gemüse oder sogar eine kleine Blumenwiese. Diese Vorstellungen sind Bilder, die wir von Gärten kennen. Wenn wir Glück haben sind es schöne Bilder, Bilder aus unseren Kindertagen: Da konnten wir vielleicht im Gemüsegarten der Großmutter frische Erbsen und Erdbeeren naschen. Manchmal sind es auch Bilder von öden, eintönigen Rasenflächen mit einem mickrigen Beet daneben, in dem wir lustlos Unkraut zupfen mussten oder den Löwenzahn aus dem Rasen stechen.
Es sind häufig auch Vorstellungen und Bilder, die aus unserer Kultur, unserer Art, wie wir mit dem Leben umgehen, entstanden sind. Die Deutschen sind ein Volk, welches die Ordnung liebt, selbst wenn die Menschen an diesem Zwang zu Perfektionismus zugrunde gehen. Und das erkennt man an vielen ihrer Gärten.

Es sind häufig Vorstellungen, die uns anerzogen sind, die uns von frühester Kindheit an geprägt haben. Welche, die wir immer wieder gehört und gesehen haben. Doch gerade diese Vorstellungen, dieses Bild vom Garten ist ein sehr begrenztes und enges Bild. Es sorgt zudem dafür, dass viele Menschen die Lust und auch die Freude am eigenen Garten oder dem Garten generell verlieren. Sie scheitern an ihren eigenen Ansprüchen, die im Grunde aber noch nicht mal ihren eigenen Vorstellungen entsprechen.
In den Jahren hier oben auf meinem Berg habe ich viel gelernt: Über mich selbst, den Garten, die Natur, aber auch die Menschen. Das große Zusammenspiel von allem, denn wir sind ein Teil davon und können alleine nicht existieren. Doch das scheint das große Problem der Menschheit zu sein, dass wir uns zu sehr auf das Detail konzentriert haben und dabei ist uns der Überblick verloren gegangen. Dabei würde gerade die Natur, der Garten es uns immer wieder zeigen oder zeigen es uns sogar ständig. Doch die Menschen scheinen blind zu sein, scheinen es nicht zu sehen oder fühlen sich machtlos, nicht in der Lage etwas zu verändern. Dabei ist es ganz einfach! Die Veränderungen fangen immer bei einem selbst an, im Kleinen. Das ist der Trugschluss, denn das Kleine verändert das Große und nicht umgekehrt. Gerade wir Deutschen haben das beim Fall der Mauer gut gesehen. Da waren es die vielen kleinen Dinge, die das Große letztendlich gezwungen haben zu reagieren und zu verändern.
Wir müssen wieder lernen, der Natur ihren Platz einzuräumen, der ihr zusteht. Sie als gleichberechtigten Partner erkennen, nicht als jemand, den wir uns untertan machen müssen, ausbeuten, bekämpfen und mit Füßen treten. Wir müssen wieder lernen, die Natur zu achten und zu respektieren, mit ihr zusammenzuarbeiten. Und diese Möglichkeit haben wir in unserem Garten, selbst auf dem kleinsten Balkon. Dort können wir Oasen schaffen, kleine Inseln,

von denen aus sich wieder viel regenerieren kann. Wir sehen in den essbaren Städten Andernach oder Trier wie das funktionieren kann. Wie das auf die Menschen übergreift und sie mitzieht. Denn im Grunde sehnen wir uns nach unseren Wurzeln, fühlen, dass wir etwas wichtiges in unserem Leben ausgeklammert haben.
Die Natur ist ein Teil von uns. Doch wir bekämpfen sie, treten sie mit Füßen und treten uns letztendlich selbst.
Mit der Natur zu leben bedeutet nicht, dass wir wieder ein Leben in Höhlen führen müssen, ein Leben als Jäger und Sammler. Ein naturnaher Garten bedeutet auch nicht automatisch Wildwuchs und Dschungel. Naturnahe Gärten sind in der Regel gepflegte und wunderbar gestaltete Gärten. Einzige Bedingung ist der absolute Verzicht auf chemische Pflanzenschutzmittel. Diese funktionieren nicht. Und man wird sehen, dass sich nach einer Einstellungsphase vieles von selbst erledigt. Die Schädlinge und Nützlinge regulieren sich von alleine. Die Natur ist bestrebt immer wieder ein Gleichgewicht zu erzeugen, Missstände zu beheben. Nur ist sie nicht so schnell wie wir, sie braucht dafür etwas Zeit. Und diese Geduld haben wir oft nicht, die Blattläuse an den Rosen sollen möglichst schon gestern verschwunden sein. Außerdem hat die Natur etwas gegen Monokulturen. Solche Pflanzungen sind anfällig für Schädlinge, da die Pflanzen geschwächt sind und in einer gleichmäßigen Bestandsstruktur häufig nicht genug Licht für alle da ist. Auch dem Boden werden einseitig Nährstoffe entzogen. Es ist ein System, welches nicht im Gleichgewicht ist. Die Natur hat jedoch nicht die Möglichkeit mit der Machete hier für Abhilfe zu sorgen. Ihr steht nur ihr »Chemielabor« in den Pflanzen zur Verfügung. Viele Insekten reagieren auf diese unterschiedlichen Duftstoffe der Pflanzen. Die Pflanzen nutzen das, um für eine Bestäubung zu sorgen, aber auch, um Platz zu schaffen und das was zu viel ist etwas einzudämmen. Und dabei, wenn man es so benennen will, helfen der Natur die Schädlinge.

Wir müssen wieder lernen zu hinterfragen, zu beobachten. Schädlinge im Garten, auch Krankheiten beim Menschen, zeugen meistens davon, dass etwas nicht stimmt oder etwas nicht im Gleichgewicht, in Harmonie ist. Wir sollten wieder lernen mehr zuzuhören – uns selbst, unserer Seele, aber auch der Natur.
Ich stelle bei meinen Gartenführungen immer wieder fest, dass die Menschen sich insgeheim danach sehnen. Sie sind nicht gegen die Natur, nur wissen sie nicht wie sie es anstellen sollen und mit Garten und Natur wieder in echten Kontakt treten können. Sie haben gelernt, dass die Natur gefährlich ist, dass man sie bekämpfen muss. Eigentlich kein Wunder, wenn man mal bedenkt welchen Kontakt die Menschen noch mit der Natur haben. Bilder in Apotheken von überlebensgroßen Zecken, regelrechten Monstern, tragen nicht unbedingt zu einem positiven Naturverständnis bei. Auch viele sogenannte Naturgärten sind keine Gärten, sondern Wildnis. Das ist vollkommen in Ordnung, solche Flächen sind wichtig, aber sie sind kein Garten, sie sind ein Naturschutzgebiet in der Stadt. Aber viele Menschen wollen einen Platz, an dem sie leben können, einen Garten. Und Gärten sind immer von Menschhand gestaltete Flächen, die durchaus im Einklang mit der Natur gestaltet werden können. Die moderne Gartengestaltung zeigt uns, wie das funktioniert. Auch die großen, alten Gärten und Parklandschaften früherer Zeit waren größtenteils naturnahe Gärten. Hier gab es noch keinen chemischen Pflanzenschutz, der angeblich so viel vereinfachen soll. Doch aus meinen Erfahrungen macht er mehr kaputt als er nützt. Ich habe viel weniger Arbeit, wenn ich die Frostspanner an meinen Rosen den Meisen überlasse, die damit ihre Brut füttern.
Ein Garten ist auch niemals fertig. Er entwickelt sich ständig weiter und verändert sich. Das braucht Zeit und ergibt mit den Jahren wundervolle Gärten, in denen das große Zusammenspiel wunderbar funktioniert. Ein Paradies ist entstanden!

Literaturverzeichnis

Banzhaf Anja: *Saatgut – Wer die Saat hat, hat das Sagen*. Oekom-Verlag München, 2016

Bühring Ursel, Bächle-Helde Bernadette: *Heilkraft von Obst und Gemüse*. Verlag Eugen Ulmer, Stuttgart 2017

Bühring Ursel: *Praxis- Lehrbuch der Heilpflanzenkunde; Grundlagen – Anwendung – Therapie*. Karl F. Haug Verlag, Stuttgart 2014; 4.überarbeitete Auflage

Bühring Ursel: *Alles über Heilpflanzen. Erkennen, anwenden und gesund bleiben*. Verlag Eugen Ulmer, Stuttgart 2015; 3. aktualisierte Auflage

Caboni Christina: *Die Oleanderschwestern*. Blanvalet, München 2018

Fleischhauer Steffen Guido, Guthmann Jürgen, Spiegelberger Roland: *Essbare Wildpflanzen*. AT Verlag, Baden und München 2007

Foerster Karl: *Ein Garten der Erinnerung*. Verlag Eugen Ulmer, Stuttgart 2009

Funke Wolfgang: *Der heilsame Garten – Heilpflanzen für Körper & Seele*. BLV Buchverlag, München 2016

Gothein Marie Luise: *Geschichte der Gartenkunst*, Band 1 und 2. Eugen Diederichs Verlag, München 1988

Hageneder Fred: *Die Weisheit der Bäume, Mythos – Geschichte – Heilkraft*. Franckh-Kosmos Verlag, Stuttgart 2006

Kühn Magdalena: *Mein Selbstversorgergarten*. Verlag Eugen Ulmer, Stuttgart 2018

Lepple Annette: *Genießen statt Gießen. Trockenheitstolerante Gärten gestalten*. Verlag Eugen Ulmer, Stuttgart 2018

Mancuso Stefano, Petrini Carlo: *Die Wurzeln des guten Geschmackes – Warum sich Küche und Bauern verbünden müssen*. Verlag Antje Kunstmann, München 2016

Mooser Günter, Stinner, Karl-Friedrich: *Waldwildnis grenzenlos, Nationalpark Bayerischer Wald*. Buch & Kunstverlag Oberpfalz, Amberg 2006

Pahlow Manfred: *Das große Buch der Heilpflanzen*. Gräfe und Unzer Verlag, München, o. J.

Pape Gabriella: *Gebrauchsanweisung fürs Gärtnern*. Piper Verlag, München 2018

Raach Karl-Heinz: *Weißt du dass die Bäume reden*. Verlag Herder, Freiburg 2007

Reetz Horst: *Rien Poortvliet, Leben und Werk des großen Tier- und Landschaftsmalers*. Franckh-Kosmos Verlag, Stuttgart 2002

Saint-Exupéry Antoine de: *Der Kleine Prinz*. Karl Rauch Verlag, Düsseldorf 2016

Satori Ralf: *Wiesengrund – Über innere und äußere Gärten*. Heinrich Hugendubel Verlag, München 2001

Scherf Dieter, Moosrainer Günter, Weiger Hubert: *Heimat Donau*. Buch & Kunstverlag Oberpfalz, Amberg 2008

Scherf Gertrud: *Wildkräuter & Wildfrüchte*. BLV Buchverlag, München 2011

Scherf Gertrud: *Pflanzengeheimnisse aus alter Zeit*. BLV Buchverlag, München 2012

Schiebel Alexander: *Das Wunder von Mals – Wie ein Dorf der Agrarindustrie die Stirn bietet*. Oekom-Verlag, München 2017

Schumann Katrin: *Mein Traum wird wahr – Ein Garten zieht um*. Best-off-Verlag, Regensburg 2011

Schumann Katrin: *Wenn Pflanzen reden – Heilkräfte und Geschichten aus der Welt der Pflanzen*. Best-off-Verlag, Regensburg 2013

Schumann Katrin: *Mein Traum vom Küchengarten – Die etwas andere Art zu gärtnern*. Best-off-Verlag, Regensburg 2015

Schwienbacher Bernadette: *Wenn Körper und Seele zueinander finden*. Integral Verlag, München 2015

Söbbeke Felizita: *Der Garten – Spiegel der Seele*. Ellert & Richter Verlag, Hamburg 2007

Sperber Dr. Georg, Thierfelder Stephan: *Urwälder in Deutschland*. BLV Buchverlag, München 2005

Steinberger Bärbel: *Alte Gemüse – neuer Geschmack*. BLV Buchverlag, München 2012

Storl Wolf-Dieter: *Die Seele der Pflanzen*. Franckh-Kosmos Verlag, Stuttgart 2010

Storl Wolf-Dieter: *Pflanzen der Kelten*. AT Verlag, Aarau, Schweiz 2005

Syren Stephanie: *Achtsam gärtnern: Wahrnehmung – Glück – Bewusstheit*. BLV Buchverlag, München 2016

Tornieporth Gerda: *Der Hildegard-Garten – Heilkräftige Pflanzen & bewährte Hausmittel*. BLV Buchverlag, München 2015

The Prince of Wales, Jupiter Tony, Skelly Ian: *Harmonie – Eine neue Sicht unserer Welt*. Riemann Verlag, München 2010

Wohlleben Peter: *Das geheime Leben der Bäume*. Ludwig Verlag, München 2015

Zehnder Markus, Weller Friedrich: *Streuobstanbau*. Verlag Eugen Ulmer, Stuttgart 2006

Impressum

Projektleitung: Fabian Barthel

Lektorat & Bildredaktion:
Judith Starck

Umschlaggestaltung & Layout:
independent Medien-Design, Horst Moser, München

Herstellung: Petra Roth

Satz: Uhl + Massopust, Aalen

Repro: Longo AG, Bozen

Druck und Bindung:
DZS Grafik, Slowenien

ISBN 978-3-8338-7353-9

1. Auflage 2020

Die GU-Homepage finden Sie unter www.gu.de

GRÄFE UND UNZER

Ein Unternehmen der
GANSKE VERLAGSGRUPPE

QUALITÄTS G|U GARANTIE

LIEBE LESERINNEN UND LESER,
wir wollen Ihnen mit diesem Buch Informationen und Anregungen geben, um Ihnen das Leben zu erleichtern oder Sie zu inspirieren, Neues auszuprobieren. Wir achten bei der Erstellung unserer Bücher auf Aktualität und stellen höchste Ansprüche an Inhalt und Gestaltung. Alle Anleitungen und Rezepte werden von unseren Autoren, jeweils Experten auf ihren Gebieten, gewissenhaft erstellt und von unseren Redakteuren/innen mit größter Sorgfalt ausgewählt und geprüft.

Haben wir Ihre Erwartungen erfüllt? Sind Sie mit diesem Buch und seinen Inhalten zufrieden? Haben Sie weitere Fragen zu diesem Thema? Wir freuen uns auf Ihre Rückmeldung, auf Lob, Kritik und Anregungen, damit wir für Sie immer besser werden können. Und wir freuen uns, wenn Sie diesen Titel weiterempfehlen, in Ihrem Freundeskreis oder bei Ihrem online-Kauf.

Sollten wir Ihre Erwartungen so gar nicht erfüllt haben, tauschen wir Ihnen Ihr Buch jederzeit gegen ein gleichwertiges zum gleichen oder ähnlichen Thema um.

KONTAKT
GRÄFE UND UNZER VERLAG
Leserservice
Postfach 86 03 13
81630 München
E-Mail: leserservice@graefe-und-unzer.de
Telefon: 00800 / 72 37 33 33*
Telefax: 00800 / 50 12 05 44*
Mo–Do: 9.00–17.00 Uhr
Fr: 9.00–16.00 Uhr (*gebührenfrei in D,A,CH)

Bildnachweis
Alle Bilder von Katrin Schumann, mit Ausnahme von:
Cover: gettyimages/thethomsn.
Kathrin Hofmeister: 4

www.facebook.com/gu.verlag